LA INSEGURIDAD DE LA TENENCIA DE LA TIERRA EN AMÉRICA LATINA Y EL CARIBE

Una monografía de en terreno común

LA INSEGURIDAD DE LA TENENCIA DE LA TIERRA EN AMÉRICA LATINA Y EL CARIBE

el control comunitario de la tierra como prevención del desplazamiento

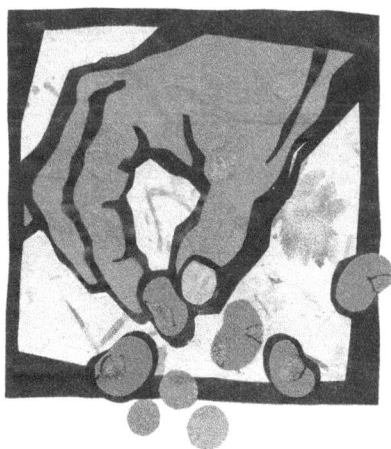

John Emmeus Davis
Line Algoed
María E. Hernández Torrales

EDITORES

Traducido del inglés por Zinnia Cintrón

TERRA NOSTRA PRESS
Madison, Wisconsin, USA

TERRA NOSTRA PRESS

Center for Community Land Trust Innovation
3146 Buena Vista Street
Madison, Wisconsin, USA 53704

Publisher's Cataloging-in-Publication Data

Names: Davis, John Emmeus, editor. | Algoed, Line, editor. | Hernández-Torrales, María E., editor. | Cintrón, Zinnia, translator.
Title: La inseguridad de la tenencia de la tierra en América Latina y el Caribe : el control comunitario de la tierra como prevención del desplazamiento /
John Emmeus Davis ; Line Algoed ; María E. Hernández-Torrales, editors ; Zinnia Cintrón, translator
Series: Common Ground Monographs | Una monografía de en terreno común
Description: Includes bibliographical references and index. | Madison, WI: Terra Nostra Press, 2020.
Identifiers: Library of Congress Control Number: 2020907971 | ISBN: 978-1-7344030-3-9 (paperback) | ISBN: 978-1-7344030-5-3 (ebook)
Subjects: LCSH Land trusts — Latin America. | Land trusts — Caribbean Area. | Land tenure — Latin America. | Land tenure — Caribbean Area. | Land use. | Land use, Urban. | Nature conservation. | Landscape protection. | Sustainable development — Latin America. | Sustainable development — Caribbean Area. | Economic development — Environmental aspects — Latin America. | Economic development — Environmental aspects — Caribbean Area. | City planning — Environmental aspects. | Community development. | Urban ecology (Sociology) | BISAC POLITICAL SCIENCE / World / Caribbean & Latin American | POLITICAL SCIENCE / Public Policy / City Planning & Urban Development | LAW / Housing & Urban Development | BUSINESS & ECONOMICS / Development / Sustainable Development | SOCIAL SCIENCE / Developing & Emerging Countries
Classification: LCC KG637.I57 2020 | DDC 338.98 — dc23

ÍNDICE

FIGURAS

Prefacio

Jerry Maldonado
FUNDACIÓN FORD

Como fundación de justicia social con el compromiso de avanzar la dignidad humana, la Fundación Ford ha priorizado la reducción de la desigualdad como objetivo principal y unificador en las diversas áreas de su programa. Si bien la mayoría de los debates sobre la desigualdad se centran estrictamente en cómo la disparidad de los ingresos y la riqueza ha aumentado drásticamente en las últimas décadas, por lo general, se presta menos atención a las maneras en que la desigualdad, a menudo, está arraigada al entorno construido.

En diferentes ciudades y regiones del mundo, sucede con frecuencia que las decisiones sobre la vivienda, el uso de la tierra o la infraestructura aceleran, refuerzan o sostienen la desigualdad física, económica y social que divide a las comunidades. Las políticas discriminatorias sobre el uso de la tierra, la vivienda y el desarrollo urbano han perpetuado la segregación racial y económica. La enorme brecha en la riqueza que existe en Estados Unidos se cimentó sobre prácticas discriminatorias de vivienda y uso de la tierra, que excluían sistemáticamente a los afroamericanos, latinos y otras comunidades de color de obtener bienes mediante la propiedad de la tierra y la vivienda. La restauración urbana, las tácticas de exclusión y la construcción del sistema federal de carreteras del país despojó de sus bienes a las comunidades de color y de bajos ingresos, y sentaron las bases para el tan segregado panorama físico y social de hoy día.

El racismo estructural, la segregación y el fundamentalismo del mercado son una combinación tóxica, que ha producido una de las economías globales más desiguales de nuestro tiempo y ha concentrado el poder económico y político en cada vez menos manos privadas a un enorme costo para nuestro frágil planeta y nuestra humanidad compartida. En la actualidad, millones de personas en todo el mundo (de Nueva York a Puerto Rico, y de Johannesburgo a Río de Janeiro) han sido privadas sistemáticamente de sus derechos humanos básicos a la vivienda digna, al empleo y a otros servicios esenciales, mientras que las ganancias corporativas se han disparado. Lamentablemente, nuestra crisis mundial de vivienda y desplazamiento está aumentando rápidamente y tan solo representa la última manifestación de un ciclo más amplio de auge y recesión de los desarrollos e inversiones predatorios en bienes raíces, que continúa marginando activamente a innumerables comunidades. Estas crecientes divisiones económicas y físicas no son moral ni políticamente sostenibles.

La desigualdad no es inevitable, sino el resultado de decisiones y políticas realizadas a consciencia, que perpetúan una cultura de escasez y competencia. Se nutre de políticas extractivas de desarrollo económico que, muy a menudo, explotan a los trabajadores, la tierra y las comunidades en el afán de obtener ganancias a corto plazo. Por consiguiente, las disputas sobre la tierra, el desarrollo y la vivienda pueden verse como parte de una lucha mayor por el poder y el futuro de nuestras democracias. ¿Quién toma decisiones sobre el desarrollo y quién se beneficia de este? ¿Quién pertenece y quién está excluido? ¿Cuáles son las historias y culturas valoradas y cuáles se invisibilizan? Las decisiones que tomamos sobre la vivienda y el uso de la tierra reflejan nuestras respuestas colectivas a estas preguntas. Asimismo, son decisiones morales en esencia: reflexiones sobre cuáles comunidades son "valoradas" y cuáles se consideran "prescindibles".

En este momento de polarización global extrema, es más urgente que nunca encontrar un nuevo **TERRENO COMÚN** que recalibre y reequilibre la relación entre el mercado, los gobiernos y la sociedad civil. Durante las últimas décadas, ciertas organizaciones comunitarias en todo el mundo (varias de las cuales se discuten en este libro) no solo han desafiado las prácticas excluyentes de vivienda y desarrollo, sino que también han demostrado que es posible atender la situación de otra manera. Los líderes y comunidades de instituciones, como el Fideicomiso de Vivienda de Champlain (Vermont), la Dudley Street Neighborhood Initiative (Boston) y el Fideicomiso de la Tierra del Caño Martín Peña (Puerto Rico), se han organizado para impulsar modelos innovadores de desarrollo inclusivo que han ayudado a revitalizar las comunidades desfavorecidas, evitar desalojos forzosos y promover la seguridad y estabilidad de la tierra. Este movimiento de fideicomisos comunitarios de tierras es único en cuanto a su énfasis en la vivienda y la tierra como parte de un movimiento más amplio para la autodeterminación comunitaria. En el mejor de los casos, los fideicomisos comunitarios de tierras no solo funcionan como herramientas para prevenir desplazamientos y mantener la asequibilidad de la vivienda a largo plazo, sino que además sirven de vehículo para la deliberación, acción y responsabilidad colectivas que ayudan a inclinar la balanza del desarrollo hacia la justicia.

Las comunidades, organizaciones y líderes visionarios presentados en este libro están a la vanguardia de un gran movimiento nacional y mundial que intenta recalibrar la relación entre los gobiernos y los mercados en asuntos relacionados con políticas de vivienda y desarrollo. Muchos de los estudios de caso incluidos en esta publicación resaltan la función crucial que el sector público puede y debe desempeñar a fin de ampliar significativamente estas intervenciones dirigidas por la comunidad. Los gobiernos en el ámbito nacional, estatal y local tienen una parte importante en la creación de políticas adecuadas de uso de la tierra, vivienda e inversiones, que limiten algunos de los peores excesos del mercado mientras se utiliza el desarrollo para preservar los recursos y bienes públicos para el bien común a perpetuidad.

En las palabras de Helen Keller: "La herejía de una época se convierte en la ortodo-xia de la siguiente". Esperamos que las lecciones, ideas, luchas y victorias presentadas en este libro sirvan a legisladores, activistas y líderes comunitarios en todo el mundo como fuente de inspiración y desafío para reimaginar la relación entre las personas, las comuni-dades y la tierra de modo que se priorice la dignidad humana, la prosperidad compartida y la protección a largo plazo de nuestros recursos naturales.

La inseguridad de la tenencia de la tierra en América Latina y el Caribe
el control comunitario de la tierra
como prevención del desplazamiento

John Emmeus Davis, Line Algoed y María E. Hernández Torrales

La tierra solía ser un bien común en muchos más lugares de los que vemos hoy día. La gente se establecía donde les resultara más conveniente para construir sus hogares y formar comunidades. Las relaciones forjadas formaron un fuerte tejido social que llevó a los vecinos a cuidarse entre sí. La tierra apoyó sus vidas y les proveyó sustento. Las personas valoraban y cuidaban la tierra, y ella les brindaba alimento, albergue y alegría. Sin embargo, con el tiempo, en la mayor parte del mundo, la tierra dejó de ser un bien común y se transformó en propiedad individual, que pasó a ser mercancía. Cada vez eran más las personas excluidas del acceso a la buena tierra (o desplazadas de los terrenos a los que, junto con sus antepasados, habían tenido acceso durante mucho tiempo). Este es el *quid* de lo que hoy llamamos inseguridad de la tenencia de la tierra.

Hemos seleccionado el contenido de esta monografía de un volumen mucho más largo titulado "En terreno común: perspectivas internacionales sobre los fideicomisos comunitarios de tierras". Escogimos estos cinco ensayos porque abordan un tema similar: la incidencia y las repercusiones de la inseguridad de la tenencia de la tierra en América Latina y el Caribe. Con el fin de resolver este problema, también discuten una estrategia similar que muchas personas en la región han adoptado para asegurar su futuro: el control comunitario de la tierra.

Durante mucho tiempo, miles de personas de bajos ingresos en América Latina y el Caribe han ocupado terrenos urbanos y rurales, o han utilizado sus recursos naturales, incluidos cuerpos de agua, bosques, praderas y campos cultivables, sin tener el derecho oficial de hacerlo o sin que sus Gobiernos respeten los derechos registrados. Viven en hogares que posiblemente fueron construidos, rehabilitados y ocupados por sus familias durante varias generaciones, pero estos están situados en solares de los que podrían desalojarlos algún día. Dependen de cuencas hidrográficas, bosques o tierras agrícolas para su sustento, pero es posible que algún día pierdan el acceso a los recursos que utilizan. En muchos de los casos, su tenencia es informal e insegura. El desplazamiento es una amenaza siempre presente.

El enfoque geográfico del presente trabajo es en América Latina y el Caribe, pero la inseguridad de la tenencia de la tierra no se limita a esta región. En todo el mundo, hay millones de personas que viven en tierras o hacen uso de tierras que pertenecen a otra persona, ya sea una entidad gubernamental o un propietario privado ausente. Muchas otras tienen derechos de propiedad colectiva reconocidos, pero estos pueden estar sujetos a la privatización. Por lo tanto, es muy probable que cualquier análisis sobre la inseguridad de la tenencia y la amenaza de desplazamiento en cierta región del mundo sea pertinente para muchas otras regiones tanto en el sur como en el norte global, donde la tenencia de la tierra es igualmente insegura para una gran cantidad de personas de bajos ingresos.

También es pertinente cualquier discusión sobre posibles estrategias para prevenir el desplazamiento de personas vulnerables mediante el mejoramiento de la seguridad de la tenencia. La estrategia preventiva presentada en los capítulos que siguen es el control comunitario de la tierra. Es decir, una organización adquiere y administra los terrenos en nombre de la comunidad allí establecida, la cual, a su vez, dirige y gobierna dicha organización. Esta estrategia tiene muchas variaciones. Una cantidad cada vez mayor de defensores y activistas creen que una de estas variaciones, en particular, resulta muy prometedora para atender el problema de la inseguridad de la tenencia de la tierra, si bien es prácticamente desconocida en América Latina y el Caribe: el fideicomiso comunitario de tierras.

El primer fideicomiso comunitario de tierras, producto del movimiento por los derechos civiles en Estados Unidos, se estableció en 1969. Sus fundadores se inspiraron en una serie de precedentes en otros países que informaron su proceso de análisis. Estos incluyen las tierras de propiedad colectiva de pueblos indígenas, el *moshav ovdim* de Israel, los ejidos de México, el *Ujamaa Vijijini* de Tanzania, las aldeas *gramdan* en la India, y las ciudadesjardín de Inglaterra.

Durante los últimos cincuenta años, los fideicomisos comunitarios de tierras se han multiplicado. En su país de origen, actualmente hay más de 260 fideicomisos de esta índole operando en ciudades, suburbios y pueblos. Fuera de los Estados Unidos, más de trescientos fideicomisos comunitarios de tierras están funcionando en Inglaterra, y se han establecido otros en Australia, Bélgica, Canadá, Francia y Kenia. También se ha visto un aumento en el interés de países como Brasil, Alemania, Irlanda, Italia, Portugal, Escocia, España y el Reino de los Países Bajos.

Hasta la fecha, la mayor parte del crecimiento de lo que se está convirtiendo en un movimiento global de fideicomisos comunitarios ha ocurrido en el norte global. Pero esto está cambiando gracias, en parte, al Fideicomiso de la Tierra del Caño Martín Peña (Fideicomiso del Caño) en San Juan, Puerto Rico. Establecido entre 2002 y 2004 por los residentes de siete asentamientos informales, el Fideicomiso del Caño trabaja para regularizar la tenencia de miles de familias que nunca han tenido títulos de propiedad sobre la tierra que han habitado durante varias generaciones. Como el fideicomiso es dueño de la tierra subyacente, tiene la capacidad de proteger a los residentes de estos barrios marginados históricamente contra la amenaza del desplazamiento: una consecuencia no deseada del aumento en el valor de la tierra, que probablemente ocurriría como resultado del proyecto gubernamental de dragado y restauración ecológica en el muy contaminado caño que fluye entre siete barrios. Al retirar la tierra del mercado especulativo, reforzar las redes solidarias y democratizar el proceso de planificación y desarrollo, el Fideicomiso del Caño ha ayudado a transformar un proyecto de infraestructura iniciado por el Gobierno en una iniciativa integral dirigida por la comunidad para rehabilitar una localidad densamente poblada y desinvertida sin desplazar a sus residentes más vulnerables.

El efecto destacado de este fideicomiso ha captado la atención de las personas que viven situaciones similares en América Latina y el Caribe. Los activistas comunitarios en África y Asia del Sur también se han interesado en el fideicomiso comunitario de tierras y están analizando si es posible usar una versión de esta estrategia para promover el desarrollo equitativo y sostenible en áreas urbanas y rurales de sus países. Las Naciones Unidas también se han fijado en los fideicomisos comunitarios de tierras. En la Conferencia sobre la Vivienda y el Desarrollo Urbano Sostenible celebrada en Quito, Ecuador, se incluyeron estos fideicomisos entre los "mecanismos, políticas, herramientas y modelos económicos" identificados en la Nueva Agenda Urbana de las Naciones Unidas para promover el acceso a la vivienda y conseguir que las ciudades sean más inclusivas. Presentaron los fideicomisos comunitarios de tierras como una de varias "soluciones cooperativistas" para abordar, según determinado por la Agenda, "las necesidades cambiantes de personas y comunidades, a fin de mejorar la provisión de vivienda, particularmente para grupos de bajos ingresos, evitar la segregación y [prevenir] desalojos y desplazamientos forzosos y arbitrarios... con especial atención a los programas para hacer mejoras en arrabales y asentamientos informales".

De hecho, los fideicomisos comunitarios de tierras tienen un enfoque programático en promover el acceso a la vivienda y hacer que las ciudades sean más inclusivas. Muchas personas se interesan particularmente en atender las necesidades de las personas en riesgo de ser desplazadas, ya sea porque viven en tierras para las que no tienen un título de propiedad formal o porque se ven obligadas a abandonar áreas donde los valores de la tierra y los costos de vivienda aumentan rápidamente. El movimiento de fideicomisos comunitarios de tierras queda, entonces, en la intersección de dos movimientos globales para el cambio social. El primero es un poderoso movimiento de derechos de la vivienda que ha surgido en ciudades de todo el mundo, y aboga por asuntos como el "derecho a la ciudad", el control de rentas, el desarrollo dirigido por la comunidad y la vivienda asequible de forma permanente. El segundo está ocurriendo en países donde las personas con tenencia insegura de la tierra luchan por obtener el reconocimiento, el registro y la protección legal del área ocupada en virtud de algún sistema informal de tenencia, denominado de diferentes maneras: tierras comunales, comunitarias, nativas, indígenas, de propiedad colectiva o de propiedad común. El potencial de los fideicomisos comunitarios de tierras para promover una agenda de derechos de vivienda y atender el problema generalizado de inseguridad de la tenencia de la tierra ha suscitado un mayor interés internacional en esta estrategia particular de control comunitario de la tierra.

¿CUÁL ES LA IMPORTANCIA DEL NOMBRE?

No todos los fideicomisos comunitarios de tierras son iguales. Entre los cientos de fideicomisos comunitarios de tierras que ya están establecidos o se encuentran en proceso de planificación, hay múltiples variaciones en cuanto a cómo están estructurados, cómo se utilizan sus tierras, cómo se trabaja el desarrollo y cómo se gestiona la vivienda. Lo que se conoce como un "fideicomiso comunitario de tierras" puede variar mucho de un país a otro, o incluso de una comunidad a otra en un mismo país. Muchas comunidades han adoptado prácticas y principios de los fideicomisos comunitarios sin llamarlos de esa manera.

Entre los visionarios comprometidos y expertos reflexivos que crearon los primeros fideicomisos comunitarios de tierras durante las décadas de los años setenta y ochenta, hubo un consenso inicial sobre lo que sería y haría este "nuevo modelo para la tenencia de la tierra". En primer lugar, acordaron que estos fideicomisos adoptarían el método de titularidad doble de bienes raíces, que se había iniciado en Inglaterra, India, México y otros lugares, para combinar el control comunitario de la tierra con la titularidad individual (o cooperativa) de todas las estructuras construidas en esa tierra. En segundo lugar, la titularidad y el empoderamiento irían de la mano. En lugar de ser un modelo de desarrollo vertical, dictado por un organismo gubernamental, un inversionista filantrópico o un proveedor benevolente de vivienda social, el desarrollo realizado por un fideicomiso comunitario de tierras sería liderado por los residentes de la comunidad que el fideicomiso representa. En tercer lugar, este tipo de fideicomiso tendría el compromiso operativo de proteger todas las tierras y los edificios que estén a su cargo y de mantener su asequibilidad permanentemente.

En los Estados Unidos, estas características distintivas de propiedad, organización y operación, que interactúan y coinciden en un modelo dinámico de desarrollo local, se dieron a conocer como el fideicomiso comunitario de tierras "clásico". No obstante, casi tan pronto como se llegó a un acuerdo sobre esta concepción y configuración del fideicomiso, se comenzó a modificar el modelo de innumerables maneras. Surgieron cambios en todas sus características a medida que los expertos en diferentes lugares lo amoldaban a las condiciones, necesidades y prioridades de sus comunidades o lo adaptaban para cumplir con las leyes y costumbres de su país.

Este proceso de innovación y adaptación continuo ha ayudo al fideicomiso comunitario de tierras a difundirse en un espacio internacional dispar, y a prosperar en una gama de contextos. Sin embargo, al mismo tiempo, la diversidad de los significados relacionados con el modelo y las distintas formas de estructurar el fideicomiso han dificultado aún más la tarea de explicar qué es exactamente un fideicomiso comunitario de tierras. Hoy día hay ambigüedad, incluso cierta controversia, en la descripción e implementación de todos sus componentes.

Comunidad. En todo el mundo, la mayoría de las organizaciones autodenominadas como fideicomiso comunitario de tierras tienen el compromiso de involucrar a la población local en sus actividades y de incorporar un carácter participativo en los propósitos, las prácticas y la estructura de su organización. Se exhorta a las personas que viven en los terrenos de fideicomisos comunitarios (o cerca de estos) a convertirse en miembros votantes de la organización. Los reclutan para servir en su junta directiva.[1] Se les invita a participar en la conformación de los usos y proyectos propuestos por el CLT. La comunidad dirige el desarrollo junto con la organización que lo inicia y supervisa.

La ambigüedad pasa a ser parte del panorama por los diferentes recursos que los fideicomisos comunitarios de tierras emplean para involucrar y empoderar a su comunidad. La controversia surge porque algunos fideicomisos han prescindido de la comunidad por completo, lo que ha causado que los críticos cuestionen si deberían considerarse un fideicomiso comunitario de tierras "verdadero". Las características distintivas del modelo convencional de propiedad y operación podrían estar presentes, pero los residentes no gobiernan ni dirigen el programa implementado; es decir, falta la "comunidad" en la composición organizativa de la entidad que realiza el desarrollo. Estas variaciones crean dificultades perennes para los defensores de los fideicomisos comunitarios de tierras cada vez que intentan llegar a un consenso sobre lo que debe considerarse como un fideicomiso de esta índole.[2]

Tierra. El fideicomiso comunitario de tierras característico es una organización sin fines de lucro que retira un terreno del mercado y lo maneja en nombre de una comunidad local, mientras hace posible que tanto personas como organizaciones lo usen a largo plazo. Los títulos de los edificios ubicados en tierras de un fideicomiso comunitario, ya sean los que existían antes de que el fideicomiso adquiriera la tierra o los construidos posteriormente, se otorgan individualmente a diferentes partes: propietarios de viviendas, cooperativas, negocios, jardineros, agricultores, etc. Los dueños de los edificios arriendan la tierra subyacente al fideicomiso comunitario de tierras.

Este convenio de propiedad mixta desdibuja el límite legal y conceptual entre las categorías convencionales de tenencia, que presumen que la propiedad inmueble es una cosa o la otra. Un fideicomiso comunitario de tierras altera esta imagen ordenada, pues se trata de un punto medio equilibrado entre los extremos de la *propiedad individual*, retenida y operada con el propósito principal de promover intereses privados; y la *propiedad colectiva*, que se retiene y opera para promover un interés común. El fideicomiso comunitario de tierras se inclina al primer tipo de propiedad en relación con los edificios. Y hacia el segundo en su tratamiento de la tierra, por lo que el fideicomiso comunitario es como un pariente cercano de las cooperativas, coviviendas y varias formas de terrenos comunales, colectivos y tribales.

Aunque las tierras de un fideicomiso de este tipo se caracterizan a menudo como "propiedad comunitaria" o, en el lenguaje de esta publicación, como "terreno común", estas tierras no son propiedad colectiva ni cooperativa de las personas que viven en ellas o en sus alrededores. El título pertenece al fideicomiso comunitario de tierras exclusivamente. Estos fideicomisos promueven la titularidad para el bien común, pero no así la propiedad común.[3]

Sin embargo, hay lugares donde separar la titularidad se dificulta (o imposibilita) por las peculiaridades de las leyes de propiedad de un país específico o por las objeciones de posibles financiadores. Por lo tanto, en ocasiones, los fideicomisos se han visto en la obligación de retener la titularidad de los edificios y de la tierra, o de renunciar a ambas, mientras imponen restricciones prolongadas al uso y la asequibilidad de estas propiedades. En Puerto Rico se ha desarrollado otra variación en la que el Fideicomiso del Caño posee la tierra subyacente, pero usa una escritura de derecho de superficie a largo plazo, en lugar de arrendar la tierra, para brindar seguridad de la tenencia a los propietarios que ocupan viviendas en los terrenos del fideicomiso. Algunos residentes viven en sitios que sus familias han ocupado durante casi un siglo.

Fideicomisos. Aunque la palabra "fideicomiso" es parte de su nombre, rara vez los fideicomisos comunitarios de tierras se han establecido como fideicomisos de bienes raíces.[4] La mayoría son organizaciones no gubernamentales: corporaciones privadas sin fines de lucro con el propósito benéfico de satisfacer las necesidades de poblaciones marginadas por el mercado y el Estado. El término "fideicomiso" no se refiere a cómo se organiza un fideicomiso comunitario de tierras, sino a cómo este opera. Se trata de lo que un fideicomiso comunitario *hace* para supervisar las tierras y edificios a su cargo y para desempeñar sus deberes administrativos. Los deberes primordiales son preservar la asequibilidad, asegurar el acceso a largo plazo a la tierra y la vivienda a personas con recursos modestos, y evitar su desplazamiento por la gentrificación y otras presiones. La administración también incluye responsabilidades, como prevenir el mantenimiento diferido en las viviendas y otros edificios ubicados en los terrenos del fideicomiso y, de ser necesario, intervenir para proteger a los ocupantes contra prácticas prestamistas abusivas, desalojos arbitrarios, ejecuciones hipotecarias y otras amenazas a la seguridad de la tenencia. No obstante, algunos fideicomisos comunitarios de tierras no se centran tanto en proveer viviendas, sino en la preservación de cuencas hidrográficas, bosques o tierras agrícolas, ya sea en áreas rurales o urbanas. Las responsabilidades administrativas de un fideicomiso comunitario con la encomienda de manejar dichas tierras pueden parecer muy diferentes a las que son necesarias cuando la asequibilidad de la vivienda es un enfoque operacional del fideicomiso.

TERRENO COMÚN ENTRE LOS EXPERTOS EN FIDEICOMISOS COMUNITARIOS DE TIERRAS

Durante el reclutamiento de los cuarenta y dos autores que contribuyeron a la publicación de "En terreno común", incluidos los que redactaron los cinco ensayos seleccionados para esta monografía, reconocimos que era muy probable que se manifestaran diferentes perspectivas de los fideicomisos comunitarios de tierras. Propusimos, entonces, una definición práctica: *un fideicomiso comunitario de tierras se refiere al desarrollo de vivienda siempre asequible, dirigido por la comunidad, en terrenos de propiedad comunitaria*. Pero previmos (correctamente) que algunos autores optarían por delimitar esta definición general, mientras que otros la ampliarían. Aceptamos ambas perspectivas. También intentamos respetar la voz única de cada colaborador al informar sus hallazgos y contar sus historias. Por lo tanto, algunos capítulos de "En terreno común" tienen un estilo académico convencional, mientras que otros son más anecdóticos, escritos por expertos que hablan con franqueza sobre su experiencia de trabajo con un fideicomiso comunitario de tierras.

Si bien no hay uniformidad en la descripción de estos fideicomisos, hay puntos de convergencia. Lo que une a una comunidad global de académicos y expertos del campo de los fideicomisos comunitarios de tierras es más importante que lo que nos separa. Se ha creado una lengua franca a fin de entender lo que significa para una organización convertirse en un fideicomiso comunitario de tierras y comportarse como tal. Hay un compromiso compartido de reinventar y adaptar terrenos para el bien común. También hay una convicción común: las tierras controladas por la comunidad tienen una probabilidad mayor de hacer un mejor trabajo al promover el desarrollo equitativo y sostenible, en comparación con la tierra mercantilizada y de propiedad privada, particularmente en lugares habitados por grupos desfavorecidos y marginados históricamente.

Otra característica compartida entre la mayoría de los académicos y expertos en este campo es que los fideicomisos comunitarios de tierras son más que la suma de sus partes. En el diverso mundo de estas entidades, la titularidad, la organización y la operación no están configuradas de la misma forma en todos los pueblos y países. Sin embargo, dondequiera que se han adoptado, se ha llegado a la conclusión general de que la creación de un fideicomiso comunitario de tierras implica más de un solo componente; no es suficiente la reinvención de alguno para inclinar la balanza del desarrollo hacia una distribución más justa de la propiedad y el poder. La tierra de propiedad comunitaria, por sí sola, no es suficiente. El desarrollo dirigido por la comunidad no es suficiente. La vivienda asequible de forma permanente no es suficiente. La *combinación* de estos elementos es lo que garantiza la identidad distintiva y el potencial de transformación de los fideicomisos comunitarios de tierras.

Sin duda, hay lugares en el mundo donde se han implementado fideicomisos comunitarios eficazmente sin adoptar todas las características del fideicomiso "clásico". Ese arquetipo ha dejado de usarse como modelo, pero sigue siendo un referente. Es el punto de comienzo para la mayoría de las personas que luchan por adaptar esta compleja forma de tenencia a sus situaciones específicas. Es la visión que muchos tienen de un fideicomiso comunitario de tierras cuando imaginan mejores resultados de su ardua y virtuosa labor, ya sea para brindar vivienda asequible, reconstruir barrios residenciales, regularizar la tenencia en asentamientos informales o preservar tierras y empresas locales en riesgo de desaparecer por las presiones del mercado.

Cuando la titularidad de la tierra se dirige al bien común de una comunidad presente y futura; cuando el desarrollo lo realiza una organización proveniente de la comunidad, arraigada en ella y dirigida por esta; cuando la administración es deliberada, diligente y duradera... es más probable que se haga justicia y que perdure. Esa es la motivación moral y la gran promesa del terreno común.

Notas

1. En términos organizativos, el modelo promovido por el Instituto de Economía Comunitaria (Institute for Community Economics) durante la década de los años ochenta tenía una membresía abierta y una junta tripartita en representación de los intereses de las personas que viven en terrenos del fideicomiso comunitario o que viven en su área de servicio, y de las instituciones que sirvieron a esa geografía, incluidas entidades gubernamentales, iglesias, bancos, negocios y otras organizaciones no gubernamentales. Véase Institute for Community Economics, *The Community Land Trust Handbook* (Rodale Press, 1982).

2. Hasta cierto punto, "En terreno común" elude este debate presentando una serie de organizaciones que se autodenominan como un fideicomiso comunitario de tierras, aun si no muestran todas las características del modelo "clásico", según definido en los Estados Unidos. No obstante, nuestra aceptación ecuménica tenía límites. Solamente admitimos a la compañía de fideicomisos comunitarios de tierras a las organizaciones que tenían el compromiso de administrar el terreno para el bien común y de retirar las tierras del mercado para que cierta comunidad tuviera la titularidad y el control sobre estas.

3. Esto confirma la primera descripción de los fideicomisos comunitarios de tierras: "El interés principal de los fideicomisos comunitarios no es la titularidad común. Más bien, se trata de obtener la titularidad para el bien común, que podría combinarse (o no) con

la titularidad colectiva" (International Independence Institute, *The Community Land Trust: A Guide to a New Model for Land Tenure in America*, 1972: 1). Aunque las personas que viven en terrenos de un fideicomiso comunitario de tierras no poseen un título sobre la tierra subyacente, la fórmula de reventa usada por algunos fideicomisos prevé un aumento modesto en el capital del propietario si la tierra aumenta de valor mientras este la ocupaba.

4. Por lo general, los fideicomisos son establecidos por individuos para controlar la distribución de su propiedad, ya sea en vida o después de fallecer. Con frecuencia, la propiedad es un bien inmueble, pero también existe en forma de acciones, bonos u otros activos que generen ingresos. La persona que crea el fideicomiso se conoce como "fideicomitente". La persona que posee la propiedad en nombre de la otra parte es el "fiduciario". Este último obtiene el título de la propiedad, pero, bajo un "fideicomiso revocable", el fideicomitente puede reclamar la propiedad más adelante. El fiduciario distribuye los ingresos del fideicomiso a una lista específica de beneficiarios nombrados por el fideicomitente al establecer el fideicomiso. Los fideicomisos también pueden establecerse con fines públicos. En estos casos, la ley de fideicomiso de algunos países permite establecer el fideicomiso a perpetuidad.

1.

Propiedad colectiva de la tierra en América Latina y el Caribe, historia y presente

Pierre Arnold, Jerónimo Díaz y Line Algoed

En las diferentes culturas precolombinas, la tierra (como los ríos y las montañas) constituía un bien común cuyo aprovechamiento era colectivo. En aquel periodo las grandes metrópolis eran sostenidas mediante sistemas de irrigación complejos y un aparato políticoadministrativo despótico, pero en ningún caso se tiene registro de formas de apropiación privada del territorio. La invasión europea de las Américas iniciada en 1492 implicó la destrucción o dominación de culturas completas, y reconfiguró los sistemas territoriales preestablecidos por civilizaciones como la azteca, la maya o la inca, ahora subsumidas al nuevo orden colonial que impuso el régimen de la propiedad privada, entre otras cosas.

Entrado el siglo XIX, la expansión del capitalismo en las naciones modernas se dio mediante la puesta en marcha de políticas para la colonización de tierras supuestamente "vírgenes" casi siempre habitadas por grupos indígenas. En este periodo, la invisibilización de los pueblos originarios de América Latina y del Caribe tuvo como correlato el despojo territorial y la concentración de tierras en muy pocas manos (Oxfam, 2016). Sin embargo, esto no ha redundado en la desaparición de diversas formas de propiedad colectiva del suelo.[1] Como veremos en la primera parte de este capítulo, en la región hay grandes extensiones territoriales de carácter rural que aún gozan de un aprovechamiento comunitario y que pertenecen en su mayoría a los pueblos originarios o a los descendientes de esclavos, quienes ejercen una posesión. En la actualidad, diversas formas de tenencia colectiva han sido reconocidas por los Estados.

En el ámbito urbano, en cambio, tras décadas de promoción de la ideología de "la casa propia" por parte de organismos como el Banco Mundial, la propiedad privada se ha posicionado como un símbolo de progreso social y constituye la forma dominante de ocupación de la vivienda, muy por encima del arrendamiento. Asimismo, en los procesos de regularización de la tenencia de la tierra en los barrios populares, la receta generalizada en la región ha consistido en otorgar títulos de propiedad individuales.

Para los sectores de ingresos medios en la mayoría de los países de la región, el horizonte residencial se ha reducido a la compra de casas o pisos en conjuntos masivos de viviendas nuevas que proliferan a lo largo de las periferias urbanas.[2] Sin embargo, esta opción de vivienda no se traduce en una mejor calidad de vida en comparación con el arrendamiento. Puede que ni siquiera sea mejor que la ocupación informal de viviendas en áreas bien ubicadas. Efectivamente, estos conjuntos habitacionales alejados de los centros de empleo suelen carecer de servicios urbanos de calidad, incluido el acceso al transporte público. El tiempo y el dinero gastados en viajes a lugares de trabajo, educación, salud y servicios culturales aumentan significativamente, lo que afecta la situación social y económica de los hogares. La propiedad individual tampoco garantiza la seguridad de la ocupación. Esto fue demostrado por la crisis de las hipotecas de alto riesgo en los Estados Unidos, que comenzó en 2007 y se extendió por toda América Latina, lo que provocó el desahucio de millones de familias que habían comprado sus casas.

Ante este panorama desolador, diversos organismos civiles y movimientos sociales urbanos se han involucrado en la promoción de la "producción y gestión social del hábitat", es decir, "todos aquellos procesos generadores de espacios habitables que se realizan bajo el control de autoproductores y otros agentes sociales que operan sin fines de lucro" (HIC-AL, 2017).

Desde estas posiciones se reconoce que la tenencia colectiva del suelo es un aspecto clave para consolidar a las comunidades urbanas en el largo plazo. A excepción del Fideicomiso de la Tierra del Caño Martín Peña en Puerto Rico, el modelo del fideicomiso comunitario de tierras no ha sido aplicado en la región por autoproductores u otros agentes sociales que proveen viviendas sin ánimo de lucro. Sin embargo, existen otros modelos interesantes de producción de viviendas, que, en su mayoría, se basan en la propiedad cooperativa de la tierra o en la gestión colectiva de las reservas territoriales municipales extraídas del mercado. Específicamente, estos modelos se encuentran en Uruguay, Argentina, Brasil y Venezuela.

> La tenencia colectiva de la tierra es un factor clave para promover la producción social del hábitat.

Además, en el caso especial de Barrio Intercultural en San Martín de los Andes, en la Patagonia argentina, existe un vínculo interesante entre la tenencia colectiva de la tierra que ha persistido en las zonas rurales y la producción y gestión social del hábitat que se ha producido en los espacios urbanos. De hecho, argumentaremos en este capítulo que el Barrio Intercultural proporciona un claro ejemplo de cómo se pueden restaurar los derechos territoriales de los pueblos indígenas y abordar las necesidades de vivienda de los sectores populares, sin comprometer la calidad ambiental de las áreas de expansión urbana.

I. HISTORIA Y GEOGRAFÍA DE LA TENENCIA COLECTIVA DE LA TIERRA RURAL EN AMÉRICA LATINA Y EL CARIBE

Del colonialismo interno a la reivindicación de territorios comunitarios

América Latina y el Caribe es una región vasta y megadiversa, desde el punto de vista geográfico, ambiental, étnico y cultural. Además de las culturas procedentes de Europa y África, existen al menos 522 pueblos originarios (UNICEF, 2009) que conservan tradiciones, idiomas y formas específicas de habitar el mundo. Retomando a González Casanova, quien entiende el colonialismo como "un fenómeno que no solo es internacional sino intranacional" (2009 [1969]: 130), se puede afirmar que estos pueblos han logrado trascender cinco siglos de dominación colonial, primero bajo el yugo de las coronas española, portuguesa, holandesa, inglesa y francesa, y, después, bajo el dominio de "criollos" y "mestizos" que terminaron por ejercer una nueva forma de *colonialismo interno*. Aunque los pueblos originarios participaron en los movimientos de independencia que agitaron los albores del siglo XIX (León Portilla, 2011), lo cierto es que han sido excluidos de los procesos de formación de los nuevos Estados nacionales. También quedaron excluidos los descendientes de más de diez millones de esclavos que fueron traídos por la fuerza a la región desde el continente africano entre los siglos XVI y XIX.

En América Latina y el Caribe, específicamente en México y Perú, la construcción de la identidad nacional se hizo mediante la apropiación de los símbolos de la antigüedad prehispánica, en un proceso que, paradójicamente, implicó la destrucción del sustento material de los herederos de aquellas civilizaciones. Con las reformas liberales del siglo XIX, la tenencia colectiva de las tierras de las sociedades indígenas fue garantizada por las llamadas Leyes Nuevas "para la gobernación de las Indias y buen tratamiento y conservación de los indios". Pero estas reformas fueron percibidas como un freno a la modernización y, por lo tanto, se disolvieron para imponer el mercado del suelo y dar libre curso a la integración de las poblaciones. En el peor de los casos, las nuevas Naciones emprendieron su unificación territorial mediante proyectos genocidas como la "Conquista del Desierto" encabezada por el ejército argentino contra los pueblos Mapuche de la Patagonia (1878–1885).

México. Las injusticias acumuladas en el periodo liberal dieron paso al gran estallido social de la Revolución (1910–1917), impulsada por el reclamo de "tierra y libertad" de los pueblos indígenas del sur del país, los cuales establecieron un programa para la restitución de las tierras reconocidas desde el Virreinato. En aras de pacificar al país, el artículo 27 de la Constitución Mexicana de 1917 legalizó nuevamente la *propiedad comunal*: "Los condueñazgos, rancherías, pueblos, congregaciones, tribus y demás corporaciones de población que de hecho o por derecho guarden el estado comunal tendrán capacidad para disfrutar en común las tierras, bosques y aguas que les pertenezcan".[3]

Hoy la mitad de la superficie terrestre del país pertenece a dos tipos de entidades colectivas. Por un lado, están las 2,392 *comunidades* indígenas que lograron recuperar, al menos parcialmente, los territorios reconocidos desde el Virreinato, que suman un total de 17 millones de hectáreas (42 millones de acres aproximadamente). Por otro lado, existen alrededor de treinta mil *ejidos,* tierras distribuidas a campesinos, peones acasillados, jornaleros y habitantes de pequeños poblados por el Estado, a partir de las décadas de los años treinta y cuarenta con la profundización de la Reforma Agraria. Estas tierras son propiedad colectiva, pero son utilizadas en parte individualmente.

El régimen ejidal cubre actualmente 80 millones de hectáreas (aproximadamente 198 millones de acres), en las que las asambleas de ejidatarios deliberan sobre todo lo concerniente al uso de la tierra. Para todo lo demás, se insertan en el ámbito municipal y por, consiguiente, los *ejidos* no gozan de autonomía política. Cabe subrayar que tanto las *comunidades* indígenas como los *ejidos* cuentan con tierras de uso común –para actividades como caza, pesca, pastoreo o recolección de leña– y con parcelas de uso familiar de carácter inalienable.[4]

Bolivia. El proceso de reforma agraria en México tuvo un impacto ideológico en muchos países de la región, y pronto se emprendieron medidas similares con miras a modernizar el campo y, como telón de fondo, tendientes a contener el avance del comunismo entre las poblaciones rurales (Coque Martínez, 2002). En este contexto, los pueblos indígenas fueron prácticamente invisibilizados. En Bolivia, por ejemplo, que es el país con el mayor porcentaje de población indígena en América Latina, el Movimiento Nacionalista Revolucionario apostó a mediados del siglo XX por una modernización del Estado tendiente a la homogeneización sociocultural: la Ley de Reforma Agraria de 1953 sustituyó el término "indio", de contenido racial discriminatorio, por el de "campesino". Por su parte, los grupos étnicos de la Amazonía boliviana pasaron a ser calificados como "selvícolas" y quedaron bajo la tutela de misiones evangélicas, "invisibilizándolos como actores sociales y despojándolos de su condición de ciudadanos sujetos de derecho" (RAISG, 2016: 46).

El reconocimiento de la realidad multicultural de la región se refleja en los censos de población que comenzaron a integrar variables como la "autoadscripción" a alguna etnia a partir de los años noventa. Un evento clave para afianzar las demandas en favor de la restitución de sus derechos territoriales fue la adopción, en 1989, del Convenio 169 por parte de la Organización Internacional del Trabajo (OIT), al estipularse que "deberá reconocerse a los pueblos interesados el derecho de propiedad y de posesión sobre las tierras que tradicionalmente ocupan" (art. 14). Impulsado y ratificado por la mayoría de los países latinoamericanos, el Convenio 169 es el resultado de una toma de conciencia que alcanzó su máxima expresión en 1992, fecha del quinto centenario del "descubrimiento de América", rebautizado por los movimientos sociales como el "año de la resistencia indígena, negra y popular".

En Bolivia, donde actualmente el 40% de la población se reconoce como parte de una de las treinta y seis naciones indígenas, este movimiento tuvo importantes consecuencias jurídicas y territoriales. En la década de los años noventa, tras la gran marcha "por el territorio y la dignidad", el Gobierno ratificó el Convenio 169 de la OIT y emitió ocho Decretos Supremos mediante los cuales se establecieron los primeros "Territorios Indígenas".

Según Tamburini, esto suscitó reacciones por parte de las élites económicas y políticas que insistían en que el único territorio reconocido por la Constitución era el nacional y, por tanto, no se tolerarían "Estados dentro del Estado" (2019: 10). Ante el continuo saqueo de recursos naturales y la multiplicación de las ocupaciones "de hecho", las organizaciones indígenas — que durante décadas habían adoptado para sí la nominación de "campesinas" — lograron incidir en la Ley del Instituto Nacional de la Reforma Agraria de 1996. Esta Ley establece el procedimiento para regularizar las llamadas Tierras Comunitarias de Origen (TCO), en un plazo no mayor de diez años, durante los cuales se analiza la situación de propiedades privadas dentro de las áreas demandadas y se lleva adelante la titularización de los derechohabientes.

La lucha por la recuperación de las *tierras ancestrales* fue la antesala del movimiento que en 2006 llevó a Evo Morales a ser el primer presidente de ascendencia indígena (aymara). Este giro histórico implicó la adopción en 2009 de la Constitución Política del Estado Plurinacional de Bolivia, la cual reconoce el derecho de los pueblos a la autonomía y al autogobierno, así como la consolidación de sus entidades territoriales e instituciones. En 2010, las TCO pasaron a denominarse Territorios Indígenas Originarios Campesinos (TIOC), los cuales gozan de las garantías jurídicas de indivisibilidad, inembargabilidad, imprescriptibilidad, inalienabilidad, no pagan impuestos y tienen carácter colectivo. Para constituirse en Entidades Territoriales Autónomas, estas propiedades agrarias deben someterse a un proceso jurídico y en cualquier caso se mantienen como unidades administrativas del Estado boliviano, junto a los municipios, provincias y departamentos (RAISG, 2016:48).

Actualmente, según la Rights and Resources Initiative (2015), los pueblos indígenas poseen cerca de cuarenta millones de hectáreas de tierra bajo distintas modalidades *comunales*, que equivalen al 36% de la superficie de Bolivia. Desde luego, el control efectivo sobre estos gigantescos territorios no ha sido fácil. Los agentes privados ejercen presiones para impedir el reconocimiento de los TIOC en toda su extensión; asimismo la constante expansión de la "frontera agrícola" de agroindustrias extensivas amenaza la agricultura de subsistencia a pequeña escala de pueblos indígenas y campesinos.[5] Además, el Gobierno ha seguido un desarrollo energético de matriz extractivista que vulnera la integridad ecológica y la autonomía de los pueblos, como se ha visto en el Territorio Indígena y Parque Nacional Isiboro Sécure (TIPNIS).

Estrategias para la restitución de los territorios indígenas

Lo anterior nos lleva a identificar las distintas estrategias seguidas por los pueblos indígenas para que les sean restituidas sus tierras ancestrales, desde la movilización social y la judicialización de sus luchas, hasta la vía armada, como es el caso del Ejército Zapatista de Liberación Nacional, conducido por Tzeltales, Tzotziles, Choles y Tojolabales del sur de México, o como algunas facciones del movimiento Mapuche en Chile.

Fuera de estos casos, la estrategia más común ha consistido en articular las demandas territoriales de los pueblos y naciones a los procesos de patrimonialización y conservación del medio ambiente. Así, por ejemplo, en la Sierra Nevada de Santa Marta, en el caribe colombiano, el pueblo arhuaco utiliza la declaratoria de Reserva de la Biósfera de la UNESCO para contener el avance de la industria minera sobre su territorio ancestral, estimado en unas 600 mil hectáreas (1.5 millones de acres aproximadamente). Actualmente, las autoridades indígenas buscan ampliar el perímetro de protección ambiental con la inclusión de una parte importante de la cordillera costera a la Lista del Patrimonio Mundial, en tanto *bien mixto* (cultural y natural).

Los pueblos originarios de Brasil han seguido estrategias similares con muchas dificultades, ya que representan menos del 1% de la población brasileña. Después de un siglo de políticas paternalistas conducidas por el "Servicio de Protección al Indio" y destinadas a facilitar una expansión "pacífica" de la frontera agrícola sobre el continente amazónico, la Constitución de 1988 consagró el principio de que los indígenas son los "primeros y naturales propietarios de la tierra": el Estado les reconoce "una posesión permanente y el usufructo exclusivo de la riqueza de la tierra, los ríos y los lagos existentes en ellas" (RAISG, 2016: 69).

Sin entrar en un análisis detallado de los procedimientos de identificación y demarcación mediante los cuales se determina el alcance del área para que los indígenas puedan vivir de forma tradicional (RAISG, 2016: 55-84), es importante entender que, tanto en Brasil como en el resto de América Latina y el Caribe, estos esfuerzos implican diversos tipos de actores sociales, intereses económicos antagónicos y situaciones violentas (Fernández, 2017). Dicho esto, si se considera que los territorios reivindicados por los pueblos originarios casi nunca corresponden con los "polígonos" reconocidos por el Estado, es posible apreciar el alcance de los territorios indígenas y campesinos que se mantienen bajo diversas formas de tenencia colectiva en la región.

El mapa que se presenta a continuación (Fig. 10.1) se nutre de la plataforma global sobre *tierras indígenas y comunitarias*,[6] la cual hemos utilizado para hallar diversas fuentes de datos espaciales procedentes de instituciones públicas y no gubernamentales. No siempre aparecen en el mapa debido a la escasez de información georreferenciada, pero existen importantes extensiones de tierras pertenecientes a las *comunidades cimarronas*, conformadas por descendientes de africanos que lograron escapar de la esclavitud en las Américas para mezclarse con los amerindios, especialmente en Jamaica, Surinam, Puerto Rico, Haití, República Dominicana, Cuba, San Vicente y Brasil. Debido a su aislamiento de los colonos, estas *comunidades* pudieron preservar las tradiciones africanas en torno al uso compartido de la tierra, el idioma, la música, la cultura y la religión.[7]

En Brasil, el Departamento para Fomentar la Igualdad Racial (Seppir) ha reconocido 2197 *comunidades cimarronas*, llamadas *quilombos* (Museo Afro Digital, s.f.). La Constitu-

Fig. 1.1
Un mosaico de la tenencia colectiva de la tierra en América Latina y el Caribe

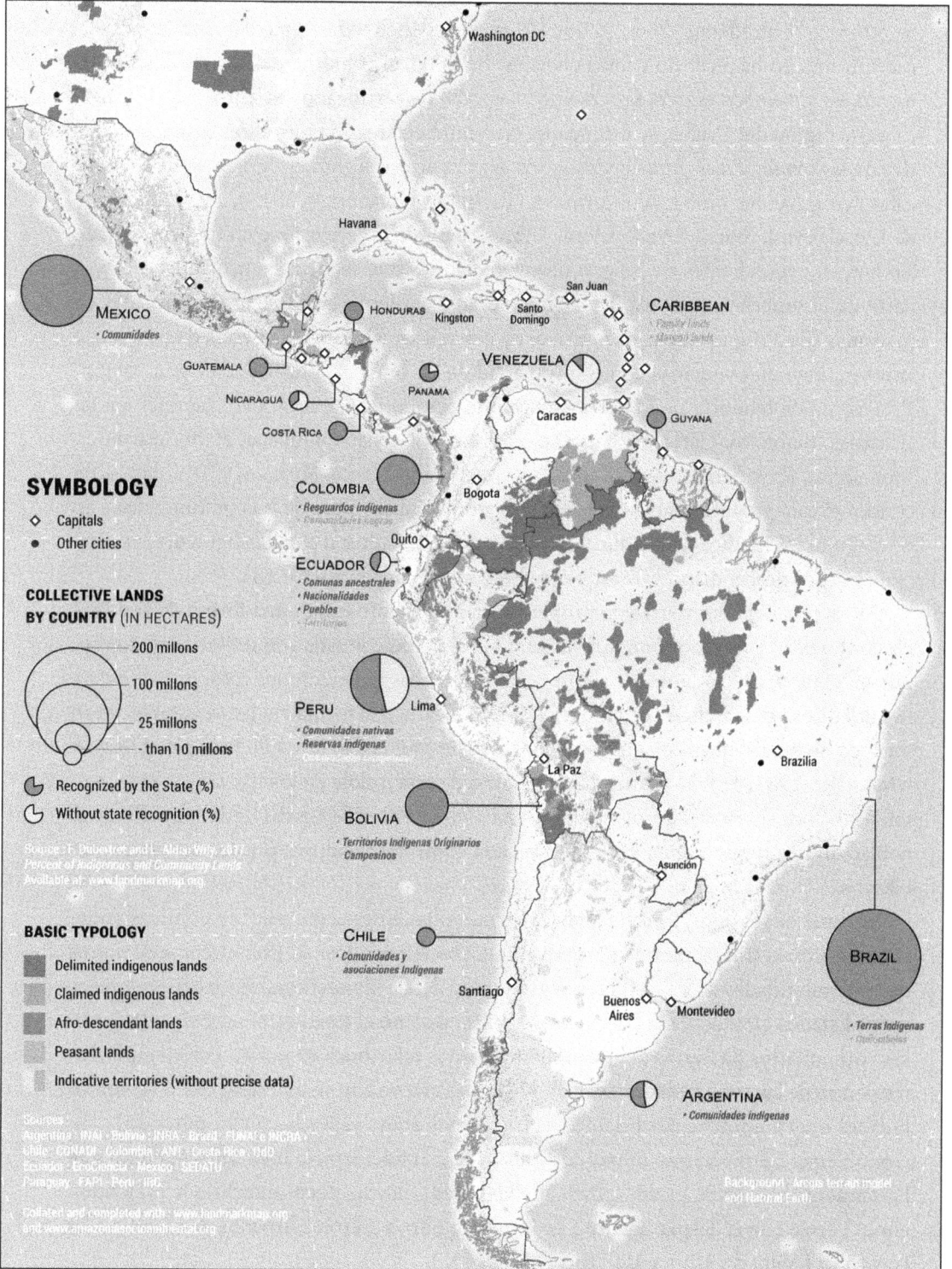

Washington DC

Havana

HONDURAS   San Juan
Kingston   Santo   CARIBBEAN
Domingo   · *Family lands*
· *Maroon lands*

GUATEMALA

NICARAGUA

COSTA RICA

PANAMA   Caracas

VENEZUELA

GUYANA

MEXICO
· *Comunidades*

SYMBOLOGY

◇ Capitals

● Other cities

COLOMBIA
· *Resguardos indígenas*
· *Comunidades negras*

Bogota

Quito

ECUADOR
· *Comunas ancestrales*
· *Nacionalidades*
· *Pueblos*
· *Territorios*

**COLLECTIVE LANDS
BY COUNTRY** (IN HECTARES)

— 200 millons

— 100 millons

— 25 millons

— than 10 millons

◔ Recognized by the State (%)

◖ Without state recognition (%)

Source: F. Dubertret and L. Alden Wily, 2017.
Percent of indigenous and Community Lands
Available at: www.landmarkmap.org

PERU
· *Comunidades nativas*
· *Reservas indígenas*

Lima

La Paz

Brazilia

BASIC TYPOLOGY

BOLIVIA
· *Territorios Indígenas Originarios
Campesinos*

Asunción

CHILE
· *Comunidades y
asociaciones Indígenas*

Santiago

Buenos
Aires   Montevideo

BRAZIL

· *Terras Indígenas*
· *Quilombolas*

Delimited indigenous lands

Claimed indigenous lands

Afro-descendant lands

Peasant lands

Indicative territories (without precise data)

Sources:
Argentina : INAI · Bolivia : INRA · Brazil : FUNAI e INCRA ·
Chile : CONADI · Colombia : ANT · Costa Rica : IbD ·
Ecuador : EcoCiencia · Mexico : SEDATU ·
Paraguay : FAPI · Peru : IbC.

Collated and completed with : www.landmarkmap.org
and www.amazoniasocioambiental.org

ARGENTINA
· *Comunidades indígenas*

Background : Areas terrain model
and Natural Earth

JERÓNIMO DÍAZ, 2019

ción de 1988 les otorga la propiedad colectiva de las tierras que ocupan desde la abolición de la esclavitud. Desde entonces, los residentes de *quilombos* tienen el derecho constitucional a un título permanente e intransferible de la tierra establecida por sus antepasados. Se estima que alrededor de un millón de afrobrasileños tienen este derecho, aunque la mayoría aún no ha recibido títulos oficiales. En 2003, el gobierno de Lula da Silva reglamentó los *quilombos*, pero el proceso de recepción de certificados es lento.

En la región del Caribe, se estima que cien mil hectáreas de tierra son tenencia colectiva de las *comunidades cimarronas* y otros grupos afrodescendientes, pero solo el 2% de estas tierras han recibido títulos formales (Rights and Resources, 2015). Tras la abolición de la esclavitud, muchos trabajadores "libres" pasaron a convertirse en un proletariado sin tierras, dependientes de las grandes plantaciones que seguían controlando la mayor parte de la superficie agrícola. En algunos casos, pudieron sumarse a comunidades cimarronas (de antiguos esclavos fugitivos) y consolidar las llamadas tierras de propiedad familiar, también conocidas como "propiedad de los hijos" y "propiedad de generación". Esta forma de tenencia de la tierra —bastante común en Jamaica, pero también en las Bahamas, Barbados, Cariacoa, Curazao, Dominica, Granada, Guyana, Haití, Martinica, Montserrat, Providencia, Santa Lucía, San Juan, San Vicente, Surinam y Trinidad— reconoce el carácter inalienable del suelo y la propiedad absoluta de las comunidades a fin de asegurar los medios de producción y reproducción cultural para las siguientes generaciones de los descendientes de esclavos (Besson y Momsen, 1987: 18).

De esta manera, las tierras de propiedad familiar representan una forma de resistencia contra el racismo económico y, al igual que los fideicomisos comunitarios de tierras, buscan garantizar los derechos sobre la tierra para las generaciones futuras. Los orígenes de varios fideicomisos comunitarios son parecidos a la forma en que se establecieron muchos de los sistemas colectivos de tenencia de tierras a lo largo de los siglos (Besson y Momsen, 1987: 18). El primer fideicomismo de esta índole en los EE. UU., New Communities Inc., se estableció como respuesta a la carencia de tierras de la mayoría de la población negra que seguía siendo empleada como trabajadores por los terratenientes blancos.

En muchos sentidos, todavía hoy vemos cómo las élites económicas y políticas poderosas en lugares con escasez de tierra continúan beneficiándose de esta carencia de tierras de las comunidades de bajos ingresos y de color, desde los vecindarios de bajos ingresos en los Estados Unidos hasta las favelas en Brasil, y cómo el establecimiento de fideicomisos comunitarios de tierras puede influenciar estas relaciones de poder. Por ejemplo, los residentes de las comunidades del Caño Martín Peña en San Juan, Puerto Rico —comunidades muy empobrecidas establecidas en tierras ahora valiosas con un potencial considerable para el desarrollo urbano de lujo— ven su fideicomiso comunitario como una herramienta para ganar poder sobre aquellas élites políticas y económicas que pretenden enriquecerse con el desplazamiento de la gente pobre a sectores urbanos de menor valor comercial (Algoed y Hernández Torrales, 2019).

Las tierras colectivas en contextos de urbanización

En América Latina y el Caribe el giro ruralurbano se produjo en menos de treinta años (19401970), en un contexto de desarrollo y crecimiento demográfico de los mercados internos que tuvo como resultado una concentración de capital y mano de obra hacia las grandes urbes. En la actualidad, el 80% de sus 588 millones de habitantes vive en ciudades (lo que la convierte en la región más urbanizada del mundo), y 113 millones de estos viven en asentamientos urbanos precarios (ONU Hábitat, 2013: 127).

La urbanización trae consigo dos grandes problemas en materia de suelo. Por un lado, amplios sectores de la población carecen de seguridad en la tenencia de sus viviendas. En Honduras, por ejemplo, se estima que el 80% de la población carece de títulos de propiedad a causa de la lentitud, la corrupción y la debilidad de las instancias encargadas de promover la regularización de la tenencia del suelo. Según estudios recientes acerca de la percepción de la seguridad de la tenencia, el 19% de los encuestados en este país afirman sentirse en riesgo de perder sus derechos de propiedad, el 43% asegura no estar bien protegidos y el 32% no confía en que las autoridades garanticen sus derechos propietarios. Las cifras son similares en Ecuador, Colombia, Costa Rica y Perú.[8]

> El crecimiento urbano se produce a costa de las comunidades indígenas y campesinas que anteriormente ocupaban tierras en la periferia de las ciudades.

Por otro lado, las áreas urbanas de la región se están expandiendo a un paso mayor que el crecimiento de la población. Este crecimiento urbano se ha dado en muchos casos a costa de los territorios de comunidades indígenas y campesinas que antes ocupaban las periferias inmediatas de las ciudades. En la Ciudad de México, esto ha propiciado un sinnúmero de conflictos en torno a la apropiación de la tierra y el agua pertenecientes a los *ejidos* y *comunidades* periurbanos. Año tras año, miles de personas que no encuentran alternativas en el interior de la ciudad se mudan a estos territorios. Asimismo, los promotores inmobiliarios ven en estos territorios la oportunidad de generar cuantiosas plusvalías mediante la construcción masiva de nueva vivienda. Al otro lado del continente, en el estado de Río de Janeiro, por ejemplo, se cuenta con cuarenta y dos *quilombos* urbanos, de los cuales solo tres han recibido títulos. Esta inseguridad de la tenencia de la tierra es un factor que juega a favor de los grupos más poderosos.

El caso de Ecuador también es interesante en varios aspectos. Por un lado, el país ha tenido varias reformas agrarias y, desde 2008, reconoce en su Constitución los títulos colectivos sobre los territorios ancestrales de las comunidades indígenas. Sin embargo, la distribución de la tierra sigue siendo desigual y existen fuertes conflictos ligados al desarrollo de proyectos mineros y petroleros, como el que amenaza a la nación Huaorani del Parque nacional Yasuní. Por otro lado, perviven en la ciudad de Quito las llamadas *comunas ancestrales*, establecidas durante la colonia, y que con la nueva Constitución han adquirido el rango de sujetos de derecho público. Los setenta y tres *territorios comunales* de Quito y sus alrededores (de carácter inembargable, inalienable e indivisible) se enfrentan a problemas como la falta de una delimitación certera, la pobreza de sus habitantes y el crecimiento de asentamientos irregulares que han ido ocupando los terrenos "disponibles" sin ninguna planificación urbana (Andrade, 2016).

II. LUCHAS URBANAS RECIENTES POR LA PROPIEDAD COLECTIVA DE LA TIERRA EN AMÉRICA LATINA Y EL CARIBE

Desde la implementación del llamado Consenso de Washington[9] en la década de los años noventa, las políticas de vivienda de interés social se han orientado a facilitar (a las clases medias) la compra de una vivienda con estándares bajos usando sus ahorros, créditos y subsidios. En Chile, y luego en el resto de América Latina, estas viviendas han sido construidas masivamente en las periferias urbanas, en espacios carentes de infraestructura, servicios básicos, transporte y seguridad. Esta nueva forma de construcción orientada a maximizar las ganancias de las empresas constructoras (a veces llamadas "viviendaras" o "viviendistas") y del sector bancario, ha generado grandes problemas de segregación urbana y, por consiguiente, de pérdida de calidad de vida y de patrimonio[10] de las familias manipuladas que aspiraban a "la casa propia" (Arnold, 2019). Paralelamente, las únicas alternativas de acceso al suelo para gran parte de la población excluida de la economía formal y de los programas públicos de vivienda sigue siendo la ocupación de terrenos, muchas veces organizada por movimientos sociales, o la venta irregular por loteadores "piratas" de terrenos que no son suyos y no tienen ni servicios ni uso habitacional autorizado.

En las ciudades latinoamericanas, donde se especula sobre el valor del suelo, la vivienda de interés social para arrendamiento es escasa y el mercado inmobiliario excluye a las familias de bajos ingresos. Ante esta situación, han emergido diferentes esquemas de tenencia colectiva del suelo con el fin de producir vivienda asequible para los sectores populares. A continuación, describimos algunos de estos.

Cooperativas de vivienda por ayuda mutua

Actualmente, las cooperativas de vivienda por ayuda mutua (CVAM) representan la principal corriente urbana de tenencia colectiva del suelo y de la vivienda en América Latina. Su origen en 1967 fue una experimentación de cooperativas para producir vivienda de bajo costo para trabajadores del campo en Uruguay que dio pie a su integración en la Ley de Vivienda (N13.728) de 1968. En su décimo capítulo, "De las cooperativas de vivienda", esta ley y sus decretos establecieron las reglas de funcionamiento de este esquema que sigue siendo novedoso medio siglo más tarde y que ha sido adoptado por muchas organizaciones sociales de la región.

Las cooperativas de viviendas de Uruguay son organizaciones sin fines de lucro cuyo objeto es la producción de conjuntos de viviendas y servicios complementarios mediante

Fig. 1.2. Un barrio cooperativo, Mesa 5: Juana de América, en las afueras de Montevideo. JERÓNIMO DÍAZ, 2018

la ayuda mutua de los socios. Este arreglo cooperativo abarata los costos de construcción a la vez que da lugar al crecimiento de relaciones solidarias en el vecindario. La organización cooperativa también es responsable del manejo de los fondos que obtiene del Ministerio de la Vivienda, Ordenamiento Territorial y Medio Ambiente (MVOTMA) a través de la autogestión de un préstamo colectivo para la compra del terreno y la construcción. En todas las etapas, desde la formación del grupo hasta la ocupación de las viviendas y la convivencia de los residentes, la toma de decisiones es democrática. Cada familia tiene un voto en la Asamblea General que es el órgano decisorio.

En Uruguay existen cooperativas de propietarios y cooperativas de usuarios[11], que son las más frecuentes y tienen como objetivos implícitos impedir la especulación y los desahucios de familias de bajos recursos. El suelo y las construcciones permanecen bajo la titularidad de la organización cooperativa. El derecho de "uso y goce" de los asociados de las cooperativas de usuarios es para su residencia propia, la vivienda puede ser heredada, pero no arrendada.[12] Además, en caso de que un socio se enfrente a una dificultad de pago de su cuota (pérdida humana, pérdida de empleo…) la cooperativa puede apoyarlo gestionando un subsidio oficial o con su "fondo de socorro", alimentado cada mes por los socios, contrario a la propiedad privada en la que el banco puede desahuciar a un acreedor moroso.

Desde la promulgación de la Ley de Vivienda de 1968, se crearon Institutos de Asistencia Técnica (IAT) multidisciplinarios y sin fines de lucro que tienen una función clave en el modelo. Su trabajo es el asesoramiento integral (jurídico, de educación cooperativa, financiero, económico, social, de proyecto y dirección de obras) de la cooperativa, desde su creación hasta la entrega de las viviendas y equipamientos construidos. La formación y el acompañamiento de los socios fortalecen la autogestión y deben garantizar el buen desarrollo técnico y social del proyecto.[13]

Las primeras cooperativas de vivienda en Uruguay fueron promovidas por sindicatos o trabajadores rurales y se concentraban en municipios rurales o en las periferias urbanas. A principios de la década de los años noventa, con la llegada del Frente Amplio progresista al Gobierno de Montevideo, se creó una "cartera de tierras" municipales que retiró una porción significativa de tierra en el centro de la ciudad de la "tiranía" de las valoraciones del mercado. Estos predios se ponen a disposición de las cooperativas a un costo que oscila entre el 10% y el 15% del valor total del proyecto de vivienda (Mendive, 2014).

Actualmente, unas 20 000 familias (aproximadamente 90 000 personas) son usuarias de unas 500 cooperativas de vivienda por ayuda mutua en propiedad colectiva en Uruguay. El MVOTMA otorga un 40% de su presupuesto a las cooperativas para subsidiar las tasas de interés del crédito de los hogares con menores recursos (Arnold y Lemarié, 2017).

La evolución y expansión del modelo cooperativo uruguayo es el resultado de una lucha política constante por parte de las cooperativas y de su federación nacional, la Federación Uruguaya de Cooperativas de Vivienda por Ayuda Mutua (FUCVAM) para preservar y expandir los derechos y las tierras que han ganado.[14] En el ámbito internacional, además, la FUCVAM ha estado compartiendo su experiencia a través de redes regionales de actores sociales y civiles, como la Secretaría Latinoamericana de Vivienda y Hábitat Populares (SELVIHP) creada en 1991 en São Paulo, la Unión para la Vivienda Popular de Brasil, União Nacional de Moradia Popular (UNMP), el Movimiento de Ocupantes e Inquilinos (MOI) de Argentina, y otros movimientos de vivienda de Argentina.[15]

El Centro Cooperativo Sueco (hoy "We Effect") ha estado apoyando, desde el año 2000 hasta la fecha, la implementación de proyectos piloto de CVAM en América Central y del Sur, lo que ha permitido la creación de políticas públicas de apoyo a estas cooperativas de vivienda en Bolivia, Costa Rica, El Salvador, Guatemala, Haití, Honduras, Nicaragua y Paraguay (véase la Figura 6.3). Asimismo, a través de la Alianza Latinoamericana de Cooperativas de Vivienda por Ayuda Mutua y con el apoyo de FUCVAM y We Effect, se están analizando nuevos proyectos piloto en Chile, Colombia, México y Perú. En 2012, la FUCVAM recibió un Premio Mundial del Hábitat en reconocimiento de su trabajo ejemplar al compartir su modelo de cooperativas de vivienda de ayuda mutua con otros países.[16]

La disputa sobre el centro urbano

La propiedad colectiva y antiespeculativa del suelo es una respuesta para reconquistar las áreas centrales de las ciudades donde las viviendas populares suelen ser escasas en ausencia de políticas regulatorias del precio del suelo, así como los fenómenos especulativos y de gentrificación. En barrios centrales de Buenos Aires (Barracas, La Boca, San Telmo, entre otros), Montevideo (Ciudad Vieja) y San Salvador (Centro Histórico) existen CVAM de usuarios que aseguran la disponibilidad perpetua de viviendas asequibles para sectores populares en las áreas que concentran los servicios y las fuentes de empleo. A continuación, se describen casos de Argentina, Brasil y Venezuela donde

Fig. 1.3
Intercambio de prácticas e instrumentos cooperativos en América Latina y el Caribe

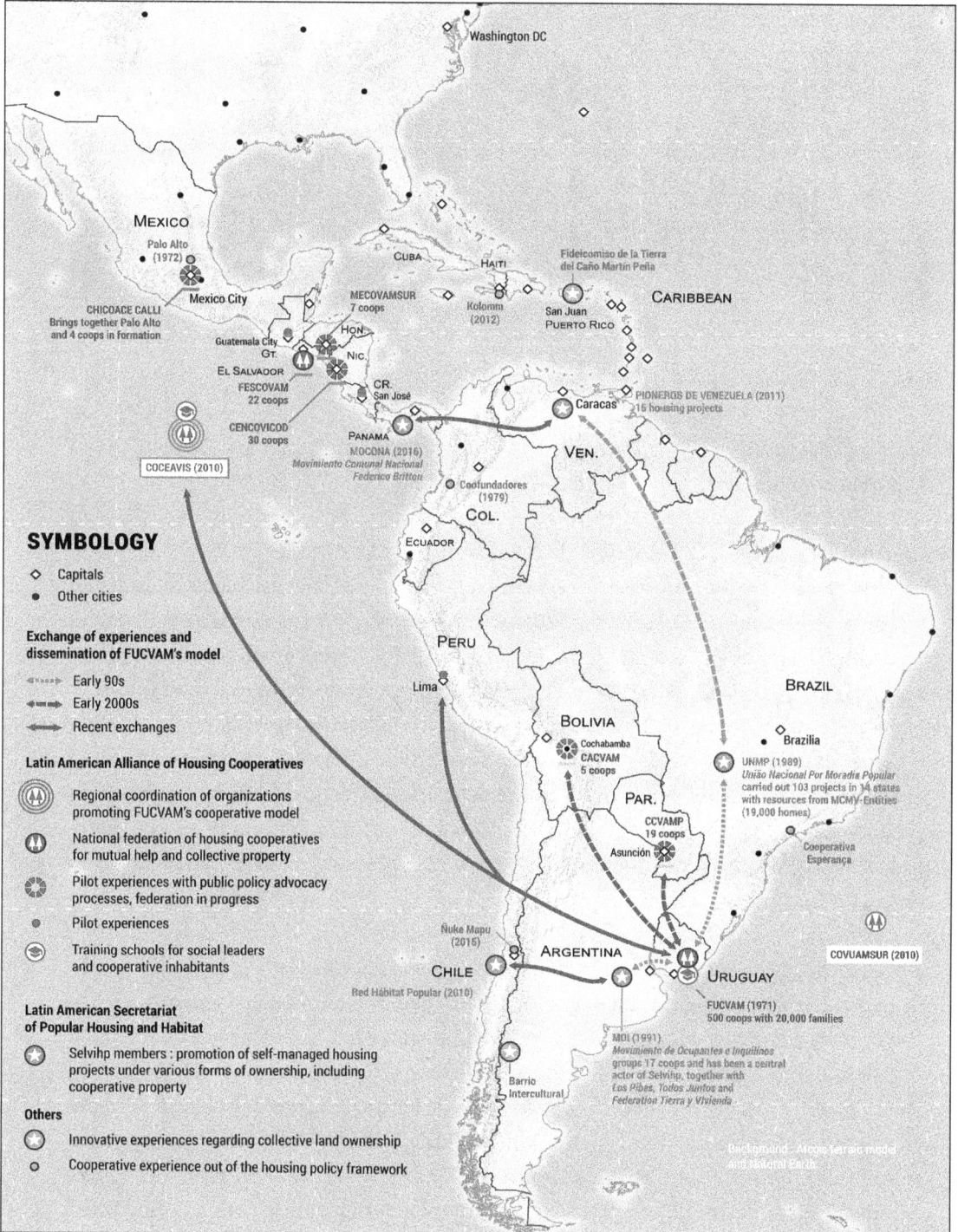

Washington DC

MEXICO
Palo Alto (1972)
Mexico City
CHICOACE CALLI
Brings together Palo Alto and 4 coops in formation

CUBA
HAITI
MECOVAMSUR 7 coops
Kolonm (2012)
Fideicomiso de la Tierra del Caño Martín Peña
San Juan
PUERTO RICO
CARIBBEAN

Guatemala City
GT.
HON.
NIC.
EL SALVADOR
FESCOVAM 22 coops
CR.
San José
CENCOVICOD 30 coops
PANAMA
MOCONA (2016)
Movimiento Comunal Nacional Federico Britton
COCEAVIS (2010)

Caracas
PIONEROS DE VENEZUELA (2011) 15 housing projects
VEN.
Coofundadores (1979)
COL.
ECUADOR

SYMBOLOGY

◇ Capitals
● Other cities

Exchange of experiences and dissemination of FUCVAM's model
◁ ····· Early 90s
◀ ━ ▶ Early 2000s
◀━━ Recent exchanges

Latin American Alliance of Housing Cooperatives

(Ⓐ) Regional coordination of organizations promoting FUCVAM's cooperative model

(Ⓐ) National federation of housing cooperatives for mutual help and collective property

(✱) Pilot experiences with public policy advocacy processes, federation in progress

● Pilot experiences

(◉) Training schools for social leaders and cooperative inhabitants

Latin American Secretariat of Popular Housing and Habitat

(✱) Selvihp members : promotion of self-managed housing projects under various forms of ownership, including cooperative property

Others

(✱) Innovative experiences regarding collective land ownership

● Cooperative experience out of the housing policy framework

PERU
Lima

BOLIVIA
Cochabamba
CACVAM 5 coops

BRAZIL
Brasilia
UNMP (1989)
União Nacional Por Moradia Popular carried out 103 projects in 14 states with resources from MCMV-Entities (19,000 homes)
Cooperativa Esperança

PAR.
CCVAMP 19 coops
Asunción

Ñuke Mapu (2015)
ARGENTINA
CHILE
Red Hábitat Popular (2010)
Barrio Intercultural

URUGUAY
COVUAMSUR (2010)
FUCVAM (1971)
500 coops with 20,000 families
MDI (1991)
Movimiento de Ocupantes e Inquilinos groups 17 coops and has been a central actor of Selvihp, together with *Los Pibes, Todos Juntos* and *Federación Tierra y Vivienda*

JERÓNIMO DÍAZ, 2018

Fig. 1.4. Inauguración de la CVAM en el edificio industrial restaurado, La Fábrica, en Buenos Aires, con miembros de la SELVIHP y la FUCVAM. JERÓNIMO DÍAZ, 2018

los movimientos de vivienda asequible han sido apoyados por varias formas de tenencia colectiva de la tierra.

Argentina. En la Ciudad Autónoma de Buenos Aires, la Ley 341 de 2000 fue una victoria importante para los movimientos sociales que luchan por abordar las necesidades de vivienda de las familias de bajos ingresos ante la especulación y la escasez de viviendas asequibles. La ley obligaba al Gobierno local a suministrar tierras urbanas a las cooperativas de vivienda. Luego, las cooperativas construían o restauraban edificios residenciales a través de la ayuda mutua y preservaban la propiedad cooperativa de la tierra y la vivienda a perpetuidad. Este marco regulatorio, inspirado en las CVAM uruguayas, permitió la construcción de 813 viviendas en 26 cooperativas. Sin embargo, desde la llegada de un partido de derecha, que ganó el control del Gobierno en 2008, el municipio no ha agregado nuevas parcelas a este programa, y 39 proyectos que suman 841 viviendas están en espera de construcción (HIC-AL, 2017).

Brasil. Después de años de lucha, algunos movimientos populares de ocupación de edificios abandonados en São Paulo y Río de Janeiro han obtenido financiamiento público con el fin de rehabilitar apartamentos para los ocupantes y miembros activos de los movimientos. Tras la transferencia de la propiedad federal o privada del predio al municipio, las obras son realizadas mediante financiamiento de los tres órdenes de gobierno: el federal (a través del programa Minha Casa Minha Vida-Entidades), el estatal y el municipal (Pinho, s.f.). Durante las obras, los habitantes futuros se turnan para vigilar el predio. También es posible que las empresas constructoras contraten a algunos de los habitantes.

Una vez concluida la obra de rehabilitación y de viviendas, la propiedad del suelo y del edificio permanece pública y los habitantes tienen un derecho a usar las viviendas

(*Concessão de Direito Real de Uso* - Concesión de Derecho Real de Uso), pero no podrán venderlas (Ferraz, 2014). Según los términos del acuerdo del derecho real de uso, las familias hacen un pago mensual para el repago de una parte del costo de la rehabilitación, mientras que el programa federal de vivienda subsidia la otra parte. Las familias no pueden subarrendar sus apartamentos, pero tienen la entera seguridad de la tenencia que les permite mejorar sus condiciones de vida (Ferraz, 2014). En 2015, el Movimiento Nacional por Vivienda Popular estimaba que en el centro de São Paulo existían unos ochenta edificios públicos y privados en desuso, que podrían transformarse en viviendas de bajo costo para los sectores populares que trabajan en el centro urbano (Arnold y Lemarié, 2017).

Venezuela. El decreto presidencial de Hugo Chávez de 2002 sobre "la regularización de la tenencia de la tierra" dio la luz al Movimiento de Pioneros de Venezuela en 2004.[17] Este Movimiento comenzó a identificar parcelas y edificios no utilizados dentro de las ciudades que podrían usarse para viviendas sociales bien ubicadas. En 2011, la Gran Misión Vivienda del Gobierno y el decreto presidencial de "emergencia para vivienda y hábitat" proporcionaron los recursos económicos y el marco regulatorio para que los sitios no utilizados en el centro de la ciudad fueran ocupados y transferidos legalmente para uso exclusivo de vivienda social. Esta vivienda se construyó gracias a organizaciones de ayuda mutua como los Pioneros de Venezuela.

El decreto de emergencia permitió que la construcción comenzara incluso antes de que el Estado comprara las parcelas mediante una venta forzada. El precio pagado a los propietarios privados se basó en el precio que habían pagado previamente para adquirir la propiedad, no en el valor de mercado actual de la propiedad. Luego, la tierra se transfirió a entidades controladas por los residentes, llamadas Organizaciones Integrales de Vivienda y Hábitat Comunitarias (OCIVHa). De este modo, aseguraron la tenencia colectiva de la tierra y de cualquier edificio construido o rehabilitado sobre ella. El Movimiento de Pioneros tiene ingenieros y arquitectos que apoyan las OCIVHa desde el diseño hasta la finalización de las obras. Los miembros de las OCIVHa que participaron en la planificación del proyecto pueden vivir en la vivienda, pero no pueden subarrendar sus apartamentos a personas externas (HIC-AL, 2017). Si deciden irse, el Movimiento decide quién tiene derecho a reemplazarlos, en función de las horas de participación en las actividades del Movimiento, tanto políticas, como sociales, de organización comunitaria y de construcción.

Si bien en este caso el Estado venezolano proporciona los fondos iniciales para la construcción de las viviendas, el reembolso mensual de las familias recae en un Fondo Rotativo Autogestionado que permite financiar nuevos proyectos de "comunidades socialistas" para nuevas familias en zonas centrales de la ciudad. Las maquinarias y los materiales utilizados también provienen del Estado a cambio del aporte de trabajo de los beneficiarios que trabajan en las obras de sus futuras viviendas y en las de otros campamentos (HIC-AL, 2017).

Este esquema ha permitido la realización de alrededor de 1700 viviendas en 15 campamentos, principalmente en la Zona Metropolitana de Caracas (Torres, Pineda y Rey, 2017). Dado el actual bloqueo comercial internacional contra Venezuela y la crisis política y económica en el país, ciertos proyectos del Movimiento Pionero han sufrido retrasos significativos. No se han iniciado nuevos proyectos desde el 2017. Sin embargo, de los 2.7 millones de unidades de vivienda financiadas por el programa nacional de vivienda, Gran Misión Vivienda, el 40% de estas unidades han sido administradas y construidas por organizaciones lideradas por la comunidad.[18]

La experiencia del Barrio Intercultural: vínculo entre la cooperativa de vivienda, el territorio y la cosmovisión indígena

San Martín de los Andes, una pequeña ciudad al sur de Argentina ofrece un ejemplo interesante de cómo las luchas por las tierras indígenas podrían allanar el camino para las familias de bajos ingresos que buscan acceso a viviendas en áreas urbanas. Ubicado a las orillas del lago Lácar entre los bosques y montañas del Parque Nacional Lanín, San Martín de los Andes es un destino turístico importante. Buena parte de los cuarenta mil habitantes apenas subsisten económicamente, y sus condiciones habitacionales son precarias e inadecuadas (HIC-AL, 2017).

El proyecto del Barrio Intercultural emerge en este contexto por medio de una alianza entre una organización popular llamada Vecinos Sin Techo (VST) y la comunidad mapuche Curruhuinca, que en 2001 consiguió la restitución de sus derechos territoriales sobre el parque Lanín.[19]

Más de 150 familias, incluidas personas indígenas y no indígenas, participan en el proyecto Barrio Intercultural. Juntas elaboraron un plan de desarrollo comunitario con el apoyo del municipio y de varios actores externos afines a la causa. Una arquitecta que había estado trabajando con cooperativas de vivienda en Buenos Aires propuso agregar las características de ayuda mutua y autogestión de una CVAM al plan de desarrollo comunitario. Pero, informado y moldeado por la cosmovisión de la comunidad mapuche, se entendió que el diseño de cualquier vecindario construido en territorio indígena debía basarse en el respeto por la vida cultural y natural del territorio en toda su diversidad.

En cuanto a las características urbanas del nuevo barrio, se acordó: preservar sin urbanizar al menos el 50% de la superficie del lote (de 77 hectáreas o 190 acres); que la urbanización no fue-

Fig. 1.5. Ayuda mutua un domingo por la mañana en el Barrio Intercultural en los Andes argentinos.
PIERRE ARNOLD, 2014

> Cualquier barrio construido en territorio indígena debía basarse en el respeto por la vida cultural y natural del territorio.

ra en cuadrícula; que las viviendas debían formar círculos alrededor de las instalaciones comunitarias y solo construir en los claros del bosque; evitar la impermeabilización del suelo (calles de ripio); y que la densidad debía disminuir según se aproximaba a las áreas protegidas del bosque y las pendientes.

En 2011, los participantes comenzaron a construir el Barrio Intercultural por cuenta propia. Tras siete años de planificación, el proyecto incluyó cien viviendas ecológicas construidas por ayuda mutua, así como baños secos, espacios comunes y de comercios a la entrada del barrio para la venta de artesanías y productos locales. Durante el proceso se estableció toda una mística en torno a la reconciliación entre los pueblos, como queda de manifiesto en el relato de los Vecinos Sin Techo:

> Nos aglutinó la falta de vivienda. Cientos de familias que necesitábamos una casa donde vivir tomamos en nuestras manos la responsabilidad de nuestro propio destino. Proyectar viviendas nos puso ante la necesidad de tierras donde asentarnos y así apareció la interculturalidad. Elegimos forjar este destino sobre el acto de justicia que representa el reconocimiento histórico del derecho ancestral del pueblo Mapuche a su territorio. Si en este territorio hay tierras, estas son Mapuche, y por tanto son tierras *comunitarias*. Bajo esta concepción, la tierra no es un bien especulativo para la venta, es un bien común que sale del mercado (en HIC-AL, 2017: 98).

——

CONCLUSIÓN

La región latinoamericana y caribeña presentan una importante diversidad de espacios de tenencia colectiva del suelo, ya sea por su historia prehispánica (tierras *comunitarias*, *comunales*, reservas indígenas), colonial y esclavista (comunidades cimarronas y tierras de propiedad familiar en el Caribe, quilombos en Brasil y Colombia), republicana y revolucionaria (tierras campesinas, comunales y ejidales en México) y contemporánea (campamentos de Pioneros en Venezuela, cooperativas de vivienda por ayuda mutua en la mayoría de los países, y en Brasil, vivienda rehabilitada cuya propiedad permanece municipal con un derecho real de uso a sus ocupantes).

En el ámbito rural, la propiedad colectiva o comunitaria se torna un instrumento de protección de tierras ancestrales y sus bienes comunes —como las selvas, los bosques, los pastizales, el agua, y también el subsuelo— del despojo y del extractivismo (agroindustria, minería, *fracking*, etc.), así como de la urbanización. El Convenio 169 de la OIT de 1989 y algunas legislaciones nacionales representan importantes avances en este sentido y antecedentes o jurisprudencias para las luchas actuales.

En la región más urbanizada del mundo, la difusión de las cooperativas de vivienda por ayuda mutua y otras iniciativas similares en propiedad colectiva propician que este tipo de tenencia se convierta en una alternativa creciente frente al modelo hegemóni-co de la vivienda en propiedad individual. Asimismo, permite a familias de bajos recur-sos — excluidas de las políticas de compra de viviendas, tanto las que ofrece el mercado como las de interés social — empoderarse y acceder a la tenencia segura de una vivienda que podrán heredar a sus hijos sin el miedo de ser expulsados en caso de perder su em-pleo o cualquier otro cambio en sus circunstancias personales.

La experiencia del Barrio Intercultural en la Patagonia argentina, además, proporciona un ejemplo de cómo un movimiento urbano por la vivienda puede unirse con una comu-nidad indígena para restaurar y preservar, mediante la propiedad colectiva, los derechos indígenas a las tierras ancestrales. El Barrio Intercultural demuestra cómo los principios de propiedad colectiva rural podrían inspirar la transformación de los espacios urbanos contemporáneos, a medida que los grupos de bajos ingresos en los barrios céntricos de las ciudades empiecen a controlar la vivienda y el territorio que ocupan.

Los fideicomisos comunitarios de tierras pueden convertirse en parte de esta nueva generación de formas colectivas y seguras de tenencia de la tierra; en una estrategia para la producción y gestión social del hábitat; y en un vehículo para la protección del bien común en medio de los espacios especulativos y desiguales que definen a las ciudades capitalistas contemporáneas. Si bien la figura del fideicomiso comunitario de tierras es poco conocida en América Latina y el Caribe, aparte del Fideicomiso de la Tierra del Caño Martín Peña en Puerto Rico y el desarrollo actual de un fideicomiso comunitario en favelas de Brasil, existen claras conexiones entre estas instituciones y las luchas para reconquistar los espacios en los centros de las ciudades a través de esquemas de tenencia segura y antiespeculativa.

Este capítulo ha querido demostrar que la acción colectiva producto de los derechos de propiedad colectiva representa un baluarte contra el despojo y el desplazamiento for-zado de grupos de bajos ingresos en América Latina y el Caribe. Los ejemplos aquí des-critos plantean alternativas significativas a la individualización continua de la propiedad. Predecimos que estas formas de propiedad colectiva solo crecerán en importancia en la medida en que los sectores populares urbanos luchen por garantizar sus derechos en eco-nomías altamente polarizadas.

Endnotes

1. Por la diversidad de los términos utilizados en los países de la región para referirse a la tenencia colectiva del suelo, en este artículo se usó la palabra genérica "colectiva" y apa-recen en letra itálica los términos locales, como tierras comunitarias, tierras comunales, ejidos, para referirnos a los casos de cada país.

2. Esta producción masiva de viviendas por parte del sector privado y promovida por el Estado (a través de subsidios y contribuciones de los trabajadores de sus ingresos a los

fondos públicos de vivienda) fue fomentada en la región por el Banco Mundial con la publicación de "Vivienda: Un entorno propicio para el mercado habitacional" (1993). Bajo este esquema de "Ahorro — Bono — Crédito", se construyeron más de 230 000 apartamentos en Chile en la década de los años noventa, seguidos por alrededor de nueve millones de viviendas construidas entre 2000 y 2018 en México. Entre 2011 y 2018, se produjeron cuatro millones de unidades bajo este mismo esquema en Brasil y 2.7 millones en Venezuela (Arnold, 2019). En países menos poblados, como Bolivia, Colombia, Costa Rica, Ecuador, Panamá y Perú, se está aplicando este esquema en una escala más modesta.

3. Sin embargo, como sugiere Kouri (2017), el sujeto central del artículo 27 — que servirá para legitimar las dos grandes gestas del régimen posrevolucionario, la Reforma Agraria y la Nacionalización del petróleo — no eran los pueblos originarios sino la Nación.

4. Las reformas neoliberales introducidas al régimen agrario en los años noventa, ya permiten la venta de estas parcelas colectivas, a reservas de que la asamblea vote mayoritariamente por la desincorporación de la propiedad social. Junto con las pautas neoliberales del Banco Mundial para el sector de la vivienda, la división de ejidos en parcelas con uso de suelo urbano ha precipitado la producción masiva de viviendas en las periferias urbanas y la consecuente expansión urbana de las ciudades mexicanas.

5. En las zonas de tierras bajas de la región amazónica, el Estado ha reconocido 58 TIOC en manos de 150 000 propietarios que ocupan más de 12 millones de hectáreas, que representan solo el 67% del área reclamada inicialmente (RAISG, 2016, 49).

6. Disponible en *www.landmarkmap.org*

7. Los territorios indígenas y campesinos han tenido que resistir los intentos de asimilación cultural y despojo territorial (Price, 1996). Esto continúa hoy en día. Por ejemplo, las comunidades barbudenses fueron desposeídas de la tenencia colectiva de la isla de Barbuda en el Caribe mediante la derogación de la Ley de Tierras de Barbuda en 2018, una pérdida que actualmente están disputando en los tribunales.

8. Véase: *www.prindex.net*

9. El conjunto de diez prescripciones de política económica que constituyen el paquete de reforma estándar para los países en desarrollo afectados por crisis fiscales promovido por instituciones basadas en Washington DC, como el Fondo Monetario Internacional (FMI), el Banco Mundial y el Departamento del Tesoro de los Estados Unidos.

10. La producción masiva de viviendas orientada al mercado en la región de América Latina y el Caribe provocó el desplazamiento a áreas periurbanas de hogares de clase media atraídos por el ideal de la casa propia. El aumento de los costos de transporte para llegar a empleos e instalaciones urbanas básicas, junto con el endeudamiento durante veinte

a treinta años para pagar la hipoteca de viviendas de mala calidad que pierden valor a tiempo, conduce sistemáticamente al empobrecimiento de estos hogares (Arnold, 2019).

11. Una vez concluida la construcción y habiendo cancelado el préstamo hipotecario, los socios de las cooperativas de propietarios ejercen sobre su unidad habitacional el derecho que concede la Ley de Propiedad Horizontal, la cual regula toda la propiedad inmueble no individual en el país. Sin embargo, con las cooperativas de usuarios, que pueden establecerse con una asignación del 15% del valor de la vivienda a través de ahorros previos o ayuda mutua, se establecen contratos con cada miembro para el uso y disfrute de sus hogares. Las personas que viven en cooperativas de propietarios pueden vender sus viviendas a precio de mercado, mientras que en las cooperativas de usuarios solo pueden vender sus intereses sociales a la cooperativa, sin obtener ganancias.

12. Según la Ley de Vivienda, en caso de arrendar su vivienda, un socio puede ser expulsado de la cooperativa y en caso de retirarse voluntariamente de la cooperativa antes de cumplirse diez años de haber vivido allí, se retiene un porcentaje del valor monetario de la parte social que el socio devuelve a la cooperativa.

13. Por ley, la cooperativa elige y contrata un IAT que debe ser reconocido por el Estado y lo paga hasta un 5% del valor total de las obras (reevaluado entre un 7% y un 8% actualmente).

14. En los últimos años, la FUCVAM ha estado organizando huelgas y manifestaciones contra el Gobierno uruguayo. A pesar de estar dirigido por una coalición de izquierda, el Gobierno ha elevado la tasa de interés de los préstamos públicos de 150 cooperativas del país de un 2% a un 5.25%, y ha otorgado a los desarrolladores privados exenciones de IVA sobre el costo de los materiales de construcción, mientras que las cooperativas no gozan de este beneficio.

15. La SELVIHP está compuesta por movimientos sociales de Argentina, Brasil, Chile, Panamá y Venezuela que se reúnen al menos cuatro veces al año para diferentes actividades como la Escuela Latinoamericana de Autogestión. Véase: Movimientos de Ocupantes e Inquilinos *http://moi.org.ar/tag/selvihp/*.

16. Fuera de la región, países como Filipinas y varias naciones del continente africano también están experimentado el modelo de CVAM.

17. El movimiento nació en el seno de los casi 7000 Comités de Tierra Urbana (CTU) creados a partir de 2002 en todo el país para fomentar la participación de la población en la planeación y el mejoramiento barrial (HIC-AL, 2017).

18. Según Juan Carlos Rodríguez, director de FUNDACARACAS, el Instituto de Vivienda Pública de la capital, y miembro del Movimiento Pionero Venezolano. Fue entrevistado por dos de los autores durante el grupo de trabajo Latinoamericano de Producción Social de Vivienda de la Habitat International Coalition—Latin America (HIC-AL) en Tequisquiapan, México, el 20 de agosto de 2019.

19. Esto fue habilitado por el Convenio 169 de la OIT y el artículo 72 de la Constitución argentina, que reconoce la preexistencia étnica y cultural de los pueblos indígenas desde 1994.

Referencias

Algoed, L. and Hernández Torrales, M. (2019). Vulnerabilization and Resistance in informal settlements in Puerto Rico: Lessons from the Caño Martín Peña Community Land Trust. *Radical Housing Journal*, Vol 1(1): 29–47.

Andrade, G. (2016). Las comunas ancestrales de Quito. Retos y desafíos en la planificación urbanística. Quito: Universidad Andina Simón Bolívar, Corporación Editora Nacional.

Arnold, P. (2019). Políticas de producción y gestión social del hábitat en América Latina: conquista de derechos e incidencia política frente a la vivienda de interés social orientada al mercado. En L. Salinas (coord.), *Gestión Urbana y Políticas de vivienda. Espacio Público, (in)seguridad y conflicto urbano* (pp. 225–260). México City: UNAM.

Arnold, P. and Lemarié, C. (2017). Hábitat en Movimiento. Viaje al encuentro del hábitat popular en América del Sur. Mexico City: autoeditado.

Besson, J. and Momsen, J. (eds) (1987). *Land and Development in the Caribbean*. London: Macmillan Publishers.

Coque Martínez, J. (2002). Las Cooperativas En América Latina: Visión Histórica General y Comentario de Algunos Países Tipo. *CIRIEC-España, Revista de Economía Pública, Social y Cooperativa*, 145–172, núm. 43: 145–72. *http://www.redalyc.org/articulo.oa?id=17404309*.

Fernández, J.C. (2017). La propiedad comunitaria de los pueblos originarios. Su relación con el concepto de bienes colectivos, en María Cristina, G. y María Celeste, M. (coord.). Ambiente y pueblos indígenas: una mirada interdisciplinaria. Salta: Universidad Católica de Salta, EUCASA. pp. 189–212.

Ferraz, A. (2014). Minha Casa Minha Vida financia 1ª reforma no centro de SP. Autogestão e Moradía. *http://autogestao.unmp.org.br/autogestao-na-midia minha-casa-minha-vida-financia-1a-reforma-no-centro-de-sp/*

González Casanova, P. (2017 [1969]). El colonialismo interno. *En De la sociología del poder a la sociología de la explotación: pensar América Latina en el siglo XXI*. Bogotá/Buenos Aires: CLACSO.

HIC–AL (2017). *Utopías en construcción. Experiencias de producción social del hábitat en América Latina*. Mexico City: Habitat International Coalition–América Latina.

León Portilla, M. (2011). *Independencia, reforma, revolución, ¿y los indios qué?* Universidad Nacional Autónoma de Mexico City: Instituto de Investigaciones Históricas.

Kouri, E. (2017). "La promesa agraria del artículo 27," 1 febrero. *https://www.nexos.com. mx/?p=31269.*

Oxfam (2016). Desterrados: Tierra, poder y desigualdad en América Latina, de Oxfam.

Mendive, C. (2014). Cartera de Inmuebles de Vivienda de Interés Social (CIVIS): Alternativas para la provisión de suelo en Uruguay. En M. Smolka y F. Furtado (Eds.), Instrumentos notables de políticas de suelo en América Latina. Cambridge: Lincoln Institute of Land Policy.

Museo Afro Digital (s.f.). Quilombos of Rio. *http://www.museuafrorio.uerj.br/?work= quilombos-of-rio*

Pinho, A. (s.f). Vazio por anos, prédio é reformado por sem-teto e agora vira exemplo em SP. Autogestão e Moradía. *http://autogestao.unmp.org.br/autogestao-namidia/ vazio-por-anos-predio-e-reformado-por-sem-teto-e-agora-vira-exemplo-em-sp/*

Price, R. (ed) (1996). *Maroon Societies: Rebel Slave Communities in the Americas.* Baltimore: The Johns Hopkins University Press.

RAISG Red Amazónica de Información Socioambiental Georreferenciada (2016). Cartografía Histórica de Áreas Naturales Protegidas y Territorios Indígenas en la Amazonía. *www.amazoniasocioambiental.org*

Rights and Resources Initiative (2015). Who Owns the World's Land? A global baseline of formally recognized indigenous and community land rights. Washington, DC. *https://rightsandresources.org/en/publication/who-owns-the-land-in-latin-america/#. W5vMwS17GgQ*

Tamburini, L. (2019). Atlas sociopolítico sobre los territorios indígenas en las tierras bajas de Bolivia. Copenhagen: IWGIA.

Torres, A., Pineda, V. & Rey, E. (2017). Las disputas urbanas en la Caracas del siglo XXI: retos y potencialidades en la producción social del suelo. Territorios (36), 47–68. *http://dx.doi.org/10.12804/revistas.urosario.edu.co/territrios/a.4845*

UNICEF (2009). Atlas sociolingüístico de pueblos indígenas en América Latina. Cochabamba: Unicef y Funproeib Andes.

UN-Habitat (2013). State of the World's Cities 2012/2013. *https://sustainabledevelopment. un.org/content/documents/745habitat.pdf* [Accedido el 14 August 2019].

World Bank (1993). *Housing: enabling markets to work.* World Bank policy paper. Washington: World Bank. *http://documents.worldbank.org/curated/en/878771468343734154 /pdf/118200PUB0SPANISH0Box71184B01PUBLIC1.pdf*

2.

Propagación de los fideicomisos comunitarios de tierras en América Latina y el Caribe

orígenes, logros y el Fideicomiso de la Tierra del Caño Martín Peña como prueba de concepto

María E. Hernández Torrales, Lyvia Rodríguez Del Valle, Line Algoed y Karla Torres Sueiro

El Fideicomiso de la Tierra del Caño Martín Peña (Fideicomiso del Caño) es un fideicomiso comunitario de tierras diseñado y controlado por los residentes de siete barrios aledaños al Caño Martín Peña: un canal de agua sumamente contaminado que discurre por el centro de San Juan, la capital de Puerto Rico. Fue creado con el objetivo de regularizar la titularidad de tierras y evitar la gentrificación y el desplazamiento involuntario, que ocurrirían a raíz del plan gubernamental para los trabajos de dragado y limpieza del caño. La creación del Fideicomiso del Caño y la restauración ecológica del canal son elementos principales de la amplia agenda de trabajo del Proyecto ENLACE del Caño Martín Peña. Esta iniciativa ha reunido a residentes de la comunidad y aliados de los sectores público y privado con el fin de implementar un plan de desarrollo integral diseñado para revitalizar un área marginada históricamente y transformar esta zona urbana en un espacio más habitable, justo y participativo.

Los residentes de siete barrios del Caño Martín Peña[1] adoptaron el fideicomiso comunitario de tierras y diseñaron una versión adaptada a sus necesidades. Tras integrar nuevos elementos al modelo y aplicarlo para atender el problema de inseguridad de la tenencia de la tierra en un asentamiento informal, el Fideicomiso del Caño se ha convertido en una referencia importante en todo el mundo, particularmente en el sur global. Cerca de 1500 hogares con ingresos muy bajos o moderados son ahora miembros del Fideicomiso del Caño, entidad propietaria y administradora de más de 110 hectáreas (272 acres) de terreno, que, en su mayoría, le pertenecían a agencias gubernamentales. Este fideicomiso garantiza la disponibilidad de viviendas asequibles a perpetuidad y ofrece opciones de vivienda en sus tierras para las familias que han tenido que reubicarse por el dragado del canal. También es un instrumento de generación y redistribución de la riqueza.

El Fideicomiso del Caño es una de tres instituciones que surgieron a raíz de un amplio proceso participativo de planificación, acción y reflexión realizado entre 2002 y 2004. Durante el proceso de planificación, doce organizaciones comunitarias del Caño Martín Peña se unieron para formar el Grupo de las Ocho Comunidades Aledañas al Caño Martín Peña, Inc. (G-8). En colaboración con aliados externos de las universidades públicas y privadas de Puerto Rico, y otros aliados profesionales y técnicos, este colectivo redactó instrumentos reglamentarios, como el Plan de Desarrollo Integral y Usos del Terreno del Distrito de Planificación Especial del Caño Martín Peña (Plan para el Distrito) y la Ley 489 o Ley para el Desarrollo Integral del Distrito de Planificación Especial del Caño Martín Peña del 24 de septiembre de 2004 (Ley 489-2004). Mediante esta ley, se creó el Fideicomiso del Caño y se estableció la corporación gubernamental conocida como Corporación del Proyecto ENLACE del Caño Martín Peña, cuya responsabilidad es implementar el Plan para el Distrito con la participación protagónica de los residentes.

El Fideicomiso del Caño, constituido para regularizar la titularidad de tierras, facilitar la implementación del Plan para el Distrito y garantizar que estas comunidades consolidadas tengan acceso a terrenos urbanos cuyo valor iba en aumento, continúa trabajando en medio de una doble crisis. Puerto Rico enfrenta problemas económicos y una deuda pública impagable desde 2006. A esto se suma la devastación causada por dos huracanes que azotaron la isla en septiembre de 2017.[2] Puerto Rico se ha convertido en uno de los pocos lugares del mundo que están pasando por los procesos contradictorios de austeridad y recuperación simultáneamente, mientras presenta los diseños y peligros de lo que se conoce como "capitalismo del desastre" (Bonilla y LeBron, 2019; Algoed y Hernández Torrales, 2019).

La isla pasó a ser un territorio no incorporado de los Estados Unidos como resultado de la Guerra Cubano Hispanoamericana, cuando Estados Unidos instauró Gobiernos coloniales en Filipinas, Guam y Puerto Rico. Actualmente, Puerto Rico y Guam permanecen bajo la soberanía de Estados Unidos. Según el Censo de los EE. UU., Puerto Rico tenía una población de 3.2 millones en 2018. Sin embargo, desde el comienzo de la crisis económica, medio millón de puertorriqueños se han ido de la isla. Otros 160 000 emigraron a los Estados Unidos después del huracán María.[3] Cuando se creó el Fideicomiso del Caño, las amenazas principales que enfrentaban las comunidades aledañas al canal eran el desplazamiento involuntario y la gentrificación: efectos de un aumento en el valor de esta tierra. Hoy día, la mayor amenaza es la disminución en el valor de la tierra que, junto con las políticas actuales de austeridad y recuperación de desastres, ha creado las condiciones favorables para la especulación. El Fideicomiso del Caño ha demostrado ser un instrumento eficaz para proteger a la comunidad del desplazamiento durante ciclos de aumento y disminución en el valor de la tierra.

Este capítulo describe cómo el fideicomiso facilita la regularización de la titularidad de terrenos en siete comunidades que fueron asentamientos informales, mientras evita la gentrificación y facilita la implementación del Plan para el Distrito. Los habitantes del área transformaron un proyecto de infraestructura dirigido por el Gobierno en un proyecto participativo de desarrollo integral; un proyecto que trabaja para remediar las causas históricas de la pobreza y reestructurar la relación del Gobierno con las comunidades marginadas en este distrito de planificación especial. Con la colaboración de sus aliados externos, los residentes del Caño han creado un fideicomiso comunitario de tierras viable para proteger su derecho a la tierra, su derecho a una vida digna en la ciudad, su derecho a la salud y su derecho de participar en las decisiones que afectan su futuro, incluidas las relacionadas con el uso y desarrollo de su tierra. Los componentes de este proyecto se combinan para contrarrestar repercusiones usuales de la falta de participación comunitaria en proyectos de infraestructura de gran envergadura, como el desplazamiento forzoso y la desigualdad estructural en espacios urbanos.

El colectivo G-8, la Corporación del Proyecto ENLACE y el Fideicomiso del Caño han sido reconocidos internacionalmente por su capacidad para unir personas con un fin común. Desde que ganó el Premio Mundial del Hábitat de las Naciones Unidas en 2016, este fideicomiso se ha convertido en un ejemplo inspirador para activistas de todo el mundo que trabajan con los asuntos pertinentes a la tenencia de tierras y buscan una forma alternativa de regularizarla. Es uno de tan solo dos fideicomisos comunitarios de tierras en el mundo que se han organizado en un asentamiento informal,[4] y este se ha convertido en un dechado, particularmente para ciertas comunidades del sur global que buscan establecer sus propios fideicomisos a fin de erradicar la amenaza de ser desplazados de tierras ubicadas estratégicamente en áreas atractivas.

El capítulo se divide en cuatro secciones. En primer lugar, presentamos el trasfondo histórico y el contexto político para ayudar al lector a entender que, si bien Puerto Rico es parte de los Estados Unidos, los múltiples obstáculos que enfrentan las comunidades del Caño Martín Peña son enormes y extraordinarios. Luego describimos cómo se creó el Fideicomiso del Caño y por qué las comunidades decidieron atender sus necesidades por medio de un fideicomiso comunitario de tierras. Después de explicar cómo funciona, reflexionamos sobre la importancia del Fideicomiso del Caño como una referencia para otras comunidades que luchan contra amenazas de desplazamiento similares, y las razones por las que podría servirles de inspiración.

I. TIERRA, DESPLAZAMIENTO Y ASENTAMIENTOS INFORMALES EN PUERTO RICO

La relación con la tierra siempre ha sido un tema de lucha en Puerto Rico. Al igual que en el resto de América Latina, la historia de Puerto Rico está definida por el colonialismo y el desplazamiento reiterado de poblaciones vulnerables. Por ser una colonia estadounidense desde 1898, esta isla caribeña no goza de soberanía económica.

Las décadas de dependencia y de exenciones contributivas con fines de atraer y extraer riqueza han agravado el estado de la economía de la isla. Con una deuda actual de sobre $74 mil millones, el Estado Libre Asociado de Puerto Rico se vio obligado a aplicar medidas de austeridad impuestas por la Junta de Control Fiscal creada en virtud de la Ley de Supervisión, Administración y Estabilidad Económica de Puerto Rico (PROMESA, por sus siglas en inglés). Esta ley, aprobada por el congreso de los EE. UU. durante la presidencia de Obama en 2016, creó la Junta de Control Fiscal para garantizar los pagos de los bonistas, quienes son especuladores financieros en su gran mayoría. Los empleados públicos y los jubilados han visto cómo se afectan sus salarios y pensiones, han cerrado cerca de 280 escuelas y el presupuesto de la universidad pública se ha reducido drásticamente. La inseguridad causada por los recortes, la alta tasa de desempleo y el alto costo de vida han hecho que a gran parte de la población se le dificulte vivir en la isla.

> Poco a poco, se ha transferido el control de las tierras de la isla a quienes no las usan para beneficio del país.

La crisis económica es el resultado del vencimiento de las exenciones de impuestos federales otorgadas a las compañías estadounidenses, que han convertido a Puerto Rico en uno de los lugares más atractivos para situar dichas empresas. El crecimiento económico dependía de las exenciones contributivas. Cuando estas vencieron en 2006, la mayoría de las compañías abandonaron la isla y miles de puertorriqueños sumamente cualificados quedaron desempleados. Desde entonces, el crecimiento económico ha sido prácticamente nulo.

La tierra es uno de los únicos activos que el Gobierno puede capitalizar. Los incentivos fiscales creados después de 2012 han atraído a inversionistas que llegan a la isla con el fin de comprar tierras donde desarrollar complejos de lujo. Poco a poco, se ha transferido el control de las tierras de la isla a quienes no las usan para beneficio del país durante un periodo en el que a los puertorriqueños se les hace cada vez más difícil conseguir empleo, comprar tierra o pagar sus hipotecas. Las políticas de recuperación de desastres y otras políticas adoptadas luego del paso de los huracanes Irma y María han empeorado la situación. Casi todo Puerto Rico está incluido en el programa de Zonas de Oportunidad que brinda generosas exenciones de impuestos federales a inversionistas, y es particularmente atractivo para el sector de los bienes raíces. Mientras tanto, el Plan de Acción[5] preparado por Puerto Rico y aprobado por el Departamento de Vivienda y Desarrollo Urbano de los EE. UU. presenta una serie de políticas que promueven el desplazamiento de comunidades en zonas de alto riesgo, aun cuando la mitigación es una alternativa factible. Al mismo tiempo, el Gobierno permite trabajos de reconstrucción y nuevos desarrollos financiados con fondos privados en áreas similares de alto riesgo.

Invertir en propiedades de lujo en sectores deprimidos (casi toda la isla en el caso de Puerto Rico) puede aumentar el valor de la tierra y así contribuir al desplazamiento de residentes con ingresos bajos o moderados. El desplazamiento de las comunidades pobres puede, a su vez, aumentar el valor de la tierra aún más (Navas, 2004: 4).

Fig. 2.1. Vista aérea de los barrios que rodean el Caño Martín Peña (arriba), y una casa aledaña al mismo. LINE ALGOED / J.E. DAVIS

Según la Oficina para el Desarrollo Socioeconómico y Comunitario, hay 742 comunidades en todo Puerto Rico clasificadas como asentamientos informales. La rápida industrialización de la isla durante las décadas de los años treinta y cuarenta, que hizo de Puerto Rico un ejemplo de "capitalismo avanzado", forzó a los campesinos pobres a trasladarse a las ciudades costeras en busca de empleo, servicios de salud y educación para sus hijos. Como no había vivienda asequible disponible, ocuparon tierras no aptas para estos propósitos (manglares, humedales, laderas escarpadas y zonas muy cercanas al mar). Muchas de estas familias se asentaron en los humedales a orillas del Caño Martín Peña, en

Fig. 2.2. Una de las calles principales del Caño con vista al distrito financiero de San Juan (arriba) y una calle lateral de un barrio del Caño. DOEL VÁZQUEZ / J.E. DAVIS

las afueras de San Juan, donde construyeron casas improvisadas cimentadas con pilotes, usando cartón, cocoteros, madera y zinc. Colocaron tablones de madera para conectar las casas y tener acceso a tierra firme y a las carreteras. Con el tiempo, las familias y el Municipio de San Juan llenaron los humedales de escombros.

Actualmente, cerca de 25 000 personas viven en ocho barrios aledaños al caño. A medida que la ciudad crecía, su ubicación se convirtió en un bien inmobiliario de valor, próximo al distrito financiero y contiguo al canal que, una vez dragado, servirá como vía fluvial para conectar el aeropuerto principal con centros de turismo. Este canal, que en el pasado fue navegable, está obstruido y sumamente contaminado porque los vecindarios no tienen sistemas de alcantarillado adecuados ni sistemas de drenaje pluvial que funcionen.

Entre las décadas de los años sesenta y ochenta, varias comunidades del lado oeste del Caño fueron desahuciadas o trasladadas a viviendas públicas como parte de las políticas de desarrollo que buscaban eliminar los arrabales. Hubo distintas propuestas para la recuperación de la zona del Caño con diferentes fines; algunas para su conservación y otras para la construcción de carreteras o de propiedades lujosas, como hoteles y marinas. La mayoría de estos planes requerían el desplazamiento de las comunidades que quedaban en el Caño Martín Peña. Ni siquiera se consideraron los costos de reubicación ni la participación de la comunidad (Algoed, Hernández Torrales y Rodríguez Del Valle, 2018). Con el establecimiento del distrito financiero y el avance en los programas de titulación individual de parcelas, la gentrificación se convirtió en una nueva amenaza. Los especuladores comenzaron a comprar esas parcelas de propiedad individual, en particular las que estaban más cerca de los corredores de transporte, pues sabían que la posible restauración del ecosistema del canal aumentaría drásticamente el valor de las tierras en esa zona. En 2002, estas amenazas, combinadas con el anuncio de que el Gobierno procedería con el dragado del canal, dieron pie a que las comunidades del Caño Martín Peña se organizaran para buscar solución a los problemas que tienen en común.

II. CREACIÓN DEL FIDEICOMISO DE LA TIERRA DEL CAÑO MARTÍN PEÑA

En Puerto Rico, rara vez el pueblo participa en los procesos de planificación de proyectos del Gobierno que afectan zonas residenciales. Ese patrón continuó, incluso después de que la ley ordenara que la Junta de Planificación de Puerto Rico abriera los procesos de planificación para fomentar la participación ciudadana y escuchar sus opiniones. El panorama comenzó a cambiar durante la administración de la gobernadora Sila M. Calderón. En marzo de 2001, firmó el primer estatuto de su nueva administración, que proclamaba como política pública el empoderamiento de los residentes de comunidades de bajos ingresos (Ley 1, Marzo 1 de 2001). Esta política pública fomentó la participación ciudadana, definida como un proceso abarcador que permite a los ciudadanos reconocer su potestad y tener el control absoluto de sus vidas, a partir de sus propios esfuerzos y poder. La ley establecía que la iniciativa tenía el objetivo de ayudar a residentes de comunidades de bajos ingresos a adquirir las destrezas y los niveles de organización que podrían ayudarles a convertirse en los autores de su proceso de desarrollo económico y social. El Gobierno actuaría como adiestrador, promotor, facilitador y colaborador, y se encargaría de eliminar obstáculos y crear las condiciones y los mecanismos necesarios para hacer posible que las comunidades aseguraran su desarrollo personal y comunitario. Se requirió a los organismos y agencias gubernamentales que realizaran acciones bien planificadas para estimular la participación de las comunidades de bajos ingresos en los procesos de toma de decisiones respecto a los problemas que afectan su desarrollo. Estas comunidades asumirían nuevas funciones como propietarios y productores a fin de implementar un método participativo para la planificación y el mejoramiento de sus barrios, que era diametralmente opuesto a la práctica pasada de ser beneficiarios pasivos de un Estado paternalista. La propuesta participativa del Proyecto ENLACE toma esta política pública como fundamento.

De un proyecto de infraestructura a un proyecto de desarrollo sostenible

En lugar de contratar ingenieros, la Autoridad de Carreteras y Transportación contrató a una planificadora urbana para dirigir la iniciativa, y estableció la Oficina de Participación Ciudadana con trabajadores sociales y organizadores comunitarios en un vagón ubicado en el corazón de las comunidades del Caño. La Autoridad también procuró que la Junta de Planificación de Puerto Rico estableciera el Distrito de Planificación Especial del Caño Martín Peña, compuesto por siete de las ocho comunidades[6] aledañas al canal. Cuando se explicaron los planes de dragado durante la primera ronda de asambleas comunitarias, hubo un alto grado de participación y los residentes expresaron claramente su preocupación ante la amenaza de desplazamiento. Cuestionaron los planes de reubicación de las familias que vivían cerca del canal (se necesitaba el espacio para hacer el dragado). Además, muy consciente de la ubicación estratégica de sus barrios, se mostraron suspicaces sobre quién se beneficiaría del proyecto, y expresaron con firmeza su intención de oponerse a cualquier intento de desplazamiento involuntario. Dichas asambleas hicieron posible uno de los procesos de desarrollo comunitario participativo más exitoso en la historia de Puerto Rico.

Entre los años 2002 y 2004, se realizaron más de 700 actividades participativas de planificación, acción y reflexión en las comunidades del Caño Martín Peña. Simultáneamente, los residentes imaginaban el futuro y diseñaban estrategias, e implementaban proyectos y programas para obtener victorias a corto plazo relacionadas con sus asuntos urgentes. También aplicaban el pensamiento crítico y aprendían sobre el proceso que se implementaba. Recibieron la información necesaria para participar de forma inteligente en la redacción del Plan para el Distrito, mientras los consultores técnicos entablaron un diálogo que tomó en cuenta su conocimiento en vez de subestimarlo. Si se hubiera excluido a los residentes del proceso, el plan sería inadecuado y no estaría completo. El resultado final fue el Plan de Desarrollo Integral y Usos del Terreno del Distrito de Planificación Especial del Caño Martín Peña, oficialmente adoptado por la Junta de Planificación de Puerto Rico y aprobado por el gobernador en 2007. El proceso inclusivo que produjo este plan convirtió lo que comenzó como un proyecto ingenieril de organización vertical en una iniciativa participativa, equitativa y sostenible de desarrollo comunitario,

Fig. 2.3. Elección del nuevo consejo comunitario de la comunidad Las Monjas, una de las comunidades del colectivo G-8. LINE ALGOED

denominada Proyecto ENLACE del Caño Martín Peña.

En la actualidad, hay cerca de 120 líderes comunitarios activos en el colectivo G-8, que en su mayoría son mujeres y jóvenes. De hecho, el 40% son jóvenes entre las edades de 11 y 25 años. Otros cien residentes forman una red en la que se ha designado a una persona por calle para mantener a sus vecinos informados de las actividades que se están realizando, pues hay treinta diferentes iniciativas de desarrollo socioeconómico, urbano y de vivienda en las que los residentes se desenvuelven activamente.

Desarrollo sin desplazamiento

El Plan para el Distrito se hizo bajo la presunción de que las comunidades adquirirían el control de los terrenos de propiedad pública dentro del Distrito de Planificación Especial del Caño Martín Peña. Con esto se lograrían tres objetivos importantes. En primer lugar, la tierra estaría disponible para construir los proyectos de vivienda e infraestructura necesarios para mejorar la calidad de vida de los residentes y corregir el problema de las frecuentes inundaciones con agua contaminada. Por otra parte, al sacar el costo de la tierra de la ecuación, se reducirían los costos de implementación y aumentaría la viabilidad del proyecto en medio de la grave situación financiera y económica que enfrenta Puerto Rico. En segundo lugar, tener el control de la tierra permitiría reubicar a las personas que vivían en las áreas necesarias para realizar los proyectos de infraestructura y dragado, lo que evitaría su desplazamiento involuntario. Por último, se evitaría la gentrificación. Los residentes de las comunidades sabían que una vez terminara el proyecto de infraestructura y dragado, se dispararía el costo de la tierra y de la vivienda en el Caño Martín Peña, lo cual, sin duda, causaría el desplazamiento de sus residentes. Tener el control de los terrenos evitaría el desplazamiento de los residentes sin títulos de propiedad mediante la regularización de su relación con la tierra, que, a su vez, les otorgaría seguridad de tenencia.

> Los residentes sabían que una vez terminado el dragado, se dispararía el costo de la tierra.

La titularidad de la tierra era un elemento esencial para lograr el objetivo de la comunidad. Por eso, elegir el mecanismo adecuado de regularización era fundamental. Se usaron varias estrategias para iniciar conversaciones sobre el tema. A fin de ayudar con el análisis de opciones de titularidad, se creó un Comité de Vivienda compuesto por representantes de los siete barrios del Caño en el Distrito de Planificación Especial.

Se ofreció un taller en el que se preguntó a los participantes por qué las familias querían tener títulos de propiedad individuales (la forma de tenencia con la que estaban familiarizados). Las respuestas más comunes incluían: el deseo de los residentes de poder transferir a sus herederos el derecho de ocupar una parcela; el acceso a servicios públicos (por ejemplo, era necesario tener un permiso para hacer conexiones seguras a la red eléctrica); y el acceso al crédito hipotecario. Todos los participantes convinieron en que evitar el desplazamiento de la comunidad era prioritario. Luego de aprender de expertos sobre las ventajas y desventajas de los títulos de propiedad individuales, las cooperativas de tierras y los fideicomisos comunitarios de tierras, los participantes pudieron analizar cómo cada instrumento de propiedad podía ayudarles a lograr sus objetivos. El taller les abrió los ojos a la posibilidad de considerar una amplia gama de opciones distintas a la que conocían mejor. El diálogo continuó en asambleas comunitarias, incluida una en la que un miembro hispanohablante de la Dudley Street Neighborhood Initiative de Boston (un fideicomiso comunitario de tierras) compartió sus experiencias.

Las deliberaciones se basaron en seis derechos considerados indispensables para cualquier instrumento de control de tierras que se escogiera, incluidos:

- el derecho de quedarse en su lugar;

- el derecho a la tenencia de la tierra;

- el derecho a la vivienda digna;

- el derecho a la propiedad individual;

- el derecho de beneficiarse de las mejoras en la zona; y

- el derecho de participar en el proceso de toma de decisiones y en la implementación del Plan para el Distrito.

Los residentes tomaron una decisión concienzuda y audaz. Concluyeron que algún

> Ya no tendrían que preocuparse por los especuladores, la gentrificación ni el desplazamiento involuntario.

tipo de titularidad colectiva era la única manera de evitar el desplazamiento involuntario y, a pesar de que en ese momento no había ningún fideicomiso comunitario de tierras en Puerto Rico, determinaron que esta sería la mejor opción para conceder el control de las tierras a las comunidades del Caño Martín Peña. Un fideicomiso comunitario de tierras haría posible el dragado del canal, la construcción de la infraestructura necesaria y la rehabilitación de sus barrios, según los residentes lo habían ideado en el Plan para el Distrito. Los terrenos serían de propiedad colectiva a perpetuidad, y las familias sin títulos de propiedad obtendrían un documento legal (escritura de derecho de superficie) que aseguraría su derecho de usar el suelo donde está edificado su hogar, un derecho que podrán transferir a sus herederos. Esta escritura les permitiría quedarse en su sitio y subsistir en la ciudad, al mismo tiempo que aseguraría su derecho de participar activamente en lo que ocurre en su barrio. Ya no tendrían que preocuparse por los especuladores, la gentrificación ni el desplazamiento involuntario. Luego de tomar esta decisión, procedieron a asegurar los terrenos e iniciaron un proceso participativo de dos años para definir cómo manejaría sus bienes el primer fideicomiso comunitario de tierras en Puerto Rico.

III. ESTRUCTURA Y FUNCIONAMIENTO DEL FIDEICOMISO DE LA TIERRA DEL CAÑO MARTÍN PEÑA

El Fideicomiso del Caño es un fideicomiso comunitario de tierras constituido como una organización privada sin fines de lucro, creado a perpetuidad y con personalidad jurídica independiente. Está autorizado a adquirir terrenos dentro y fuera del Distrito de Planificación Especial, a desarrollar y vender viviendas (y otros edificios), y a readquirir estas mejoras estructurales en virtud del derecho de tanteo y retracto, en caso de que los dueños deseen vender. También tiene la facultad de crear estrategias y diseñar fórmulas de reventa que garanticen la asequibilidad de la vivienda a perpetuidad.

El Fideicomiso del Caño es una organización de miembros con una Junta de Fiduciarios de once integrantes, constituida por representantes comunitarios y de los sectores público y privado: cuatro son miembros del Fideicomiso del Caño, cuyos hogares están en las tierras del fideicomiso; dos son residentes de las comunidades del Caño Martín Peña, designados por el colectivo G-8 para servir en la junta del fideicomiso; y dos son personas que no viven en el distrito, seleccionados por la junta a base de sus habilidades y del conocimiento que puedan aportar al Fideicomiso del Caño. Los tres espacios restantes los ocupan representantes de entidades gubernamentales: un miembro de la Junta Directiva de la Corporación del Proyecto ENLACE, un representante del municipio de San Juan designado por su alcalde o alcaldesa, y una persona seleccionada por el gobernador o la gobernadora de Puerto Rico.[7]

Normas generales del Fideicomiso del Caño

Los fundamentos jurídicos del Reglamento General para el Funcionamiento del Fideicomiso de la Tierra del Caño Martín Peña, o Reglamento 7587 (en adelante, Reglamento General del Fideicomiso del Caño), son la Ley de Puerto Rico Núm. 489 del 24 de septiembre de 2004 (Ley para el Desarrollo Integral del Distrito de Planificación Especial del Caño Martín Peña [Ley 489-2004]) y la Ley de Procedimiento Administrativo Uniforme del Gobierno de Puerto Rico. Entre 2006 y 2008, se organizó un comité comunitario mediante un proceso democrático y participativo. Este comité reunió a representantes de las siete comunidades, quienes participaron en varios talleres y actividades con el fin de sentar las bases del Reglamento General del Fideicomiso del Caño tomando en cuenta las inquietudes y necesidades de las comunidades. Dicho reglamento fue adoptado el 8 de octubre de 2008 para establecer las normas de gobernanza y operación del Fideicomiso del Caño, así como las reglas y procedimientos que garanticen la administración de los terrenos a favor de los residentes de las comunidades.

La Ley 489-2004 delegó a la Corporación del Proyecto ENLACE la constitución y promulgación de las normas del Fideicomiso del Caño. También definió los procesos básicos para identificar la tierra cuya titularidad se otorgaría al Fideicomiso del Caño, y estableció la estructura para que el Fideicomiso designara los miembros de su Junta de Fiduciarios (23 L.P.R.A. sección 5048).

El Reglamento General del Fideicomiso del Caño consta de catorce artículos que regulan los aspectos administrativos y los procesos operativos de dicho fideicomiso.[8] Estos definen la misión, la visión, las metas y los objetivos de la organización; los activos del fideicomiso; los criterios para cualificar como miembro del fideicomiso; los derechos de los miembros; los acuerdos de colaboración con la Corporación ENLACE y el colectivo G-8; y otras obligaciones y poderes del Fideicomiso del Caño. El reglamento garantiza la participación comunitaria en todos los órganos rectores del proyecto y en los procesos de toma de decisiones. Con el fin de asegurar la participación, se usa un registro para convocar a los miembros del Fideicomiso del Caño y notificarles de las asambleas, elecciones y otras deliberaciones que se celebran después de haberlas notificado con antelación. El Reglamento General también establece normas y procedimientos para celebrar asambleas, establecer un *quorum* y hacer anuncios.

La Corporación del Proyecto ENLACE, también originada por la Ley 489-2004, es una corporación gubernamental creada con una cláusula de caducidad. Tiene la responsabilidad de implementar el Plan para el Distrito. La Corporación del Proyecto ENLACE y el Fideicomiso del Caño convergen en un proyecto multidisciplinario y polifacético llamado Proyecto ENLACE. Estas entidades desempeñan funciones complementarias para cumplir las metas del Proyecto ENLACE. El Reglamento General dispone cómo deben ser las relaciones e interacciones entre dichas colectividades, incluido el trabajo colaborativo para identificar parcelas en el distrito, planificar nuevos desarrollos y asignar recursos económicos o humanos a fin de lograr los objetivos comunes que son esenciales para promover el Proyecto ENLACE. También se delimitan los procedimientos y normas para la revisión de prioridades y planes estratégicos de asignación de vivienda a corto y largo plazo.

Objetivos e intenciones del Fideicomiso de la Tierra del Caño Martín Peña

El Fideicomiso del Caño fue creado para salvaguardar la titularidad de los terrenos y la permanencia domiciliaria de los residentes de los siete barrios del Caño Martín Peña, a la vez que posibilita y promueve el desarrollo del Distrito. La Ley 489-2004 define los objetivos e intenciones del Fideicomiso del Caño de la siguiente manera:

▪ Contribuir a la solución de la falta de derechos de propiedad de muchos residentes del Distrito de Planificación Especial mediante la titularidad colectiva de la tierra;

▪ Atender equitativamente el problema de desplazamiento físico y económico de residentes de bajos ingresos, que trae consigo la gentrificación, para evitar el desplazamiento y la erradicación de estas comunidades;

▪ Garantizar viviendas asequibles en el Distrito de Planificación Especial;

▪ Adquirir y administrar tierras en nombre de la comunidad y para beneficio de esta, lo que aumentaría el control local sobre la tierra y evitaría que propietarios ausentes tomen decisiones; y

▪ Hacer posible la reconstrucción y tasación de los espacios urbanos.

La Ley 489-2004 y otros reglamentos adoptados de conformidad con esta otorgaron al Fideicomiso del Caño los poderes y la autoridad para lograr sus objetivos.

Transferencia de tierras públicas al Fideicomiso del Caño

Como resultado del proceso participativo de planificación, acción y reflexión, la comunidad decidió adoptar la estructura de un fideicomiso comunitario de tierras para atender la falta de títulos de propiedad sobre el terreno de cientos de familias que viven a ambos lados del Caño Martín Peña, cuyos hogares se encontraban en tierras públicas. Dicha propiedad pública y su administración se transferirían al Fideicomiso del Caño permanentemente. A las familias que ya vivían allí se les otorgarían los derechos sobre las parcelas individuales ubicadas en las tierras del fideicomiso mediante una escritura de derecho de superficie por parcela. Estos títulos y transferencias combinan elementos del derecho civil de Puerto Rico y del derecho común de los Estados Unidos. También se incorporó la definición del modelo de fideicomiso comunitario de tierras que aparece en las enmiendas a la Ley Nacional de Vivienda Asequible, aprobadas por el Congreso de los EE. UU. en 1992.

Los elementos tomados del fideicomiso civil sentaron la base para la transferencia de los terrenos públicos a una entidad controlada por los residentes de las comunidades aledañas al Caño Martín Peña. La transferencia se realizó mediante los tres componentes a continuación:

* el *fideicomitente* que transfiere la tierra, que en este caso fue el Gobierno de Puerto Rico;

* el *fiduciario* que recibe la titularidad de la tierra y tiene la responsabilidad de administrarla para el beneficio de las comunidades, que en este caso fue el Fideicomiso del Caño; y

* los *beneficiarios* de la administración de la tierra, que en este caso fueron los residentes que tenían una estructura ubicada en las tierras transferidas al Fideicomiso del Caño.

El artículo 22 de la Ley 489-2004 establece que el corpus del Fideicomiso del Caño está compuesto por todas las tierras transferidas a la Corporación ENLACE para crearlo, y por los terrenos que se adquieran en el futuro de conformidad con la Ley 489-2004. Además, el Fideicomiso del Caño tiene que regirse por el Reglamento General mencionado anteriormente. La creación de este reglamento se encomendó a la Corporación ENLACE.

El Fideicomiso del Caño tiene una limitación expresa en virtud de la Ley 489-2004, que prohíbe la venta de las tierras públicas transferidas, así como la obligación legal de conservar la titularidad permanente de la tierra. No obstante, tiene el poder de vender o transferir los derechos sobre los edificios que se construyan en los terrenos, y está autorizado a otorgar contratos de arrendamiento a largo plazo y escrituras de derecho de superficie sujetas a derechos hereditarios. Las personas propietarias de hogares ubicados en los terrenos transferidos al Fideicomiso del Caño son dueñas de sus estructuras, pero no así del suelo. El Fideicomiso tiene la titularidad de estas tierras y la responsabilidad de administrarlas para el beneficio común de las comunidades del Caño Martín Peña.

Escritura de derecho de superficie

La Ley 489-2004 ordenó la transferencia de tierras públicas al Fideicomiso del Caño.[9] La mayoría de las agencias de gobierno que poseían y controlaban estas tierras en ese momento no podían proporcionar documentación oficial que identificara la información de registro de estas ni tampoco había un registro oficial de límites y valor, lo que dificultaba la transferencia de las tierras públicas. Esta situación dilató el plan de trabajo de la Corporación ENLACE.[10] Para conseguir impulso, los voluntarios del Fideicomiso del Caño trabajaron arduamente y lograron identificar la información de registro de algunas de las fincas más grandes. Se autorizó, entonces, una escritura que especifica los datos de registro de estas propiedades.

El proceso de identificación y adquisición de tierras es continuo; el Fideicomiso del Caño se mantiene haciendo investigaciones de títulos para identificar parcelas que se puedan transferir a este. Actualmente, es el propietario y administrador de poco más de 110 hectáreas (272 acres) de tierra. La mayoría (200 acres) formaba parte de la transferencia inicial de tierras públicas en virtud de la Ley 489-2004. El resto de los terrenos del Fideicomiso del Caño (72 acres) se añadió de forma gradual, con el transcurso de los años, a medida que ENLACE adquiría residencias privadas (con títulos de tierra) para reubicar a los propietarios afectados directamente por el dragado del canal, y luego las pasaba al Fideicomiso del Caño.[11] Toda esta tierra, distribuida entre los siete barrios del Distrito de Planificación Especial del Caño Martín Peña, se administra para beneficio de los residentes del Caño y para salvaguardar sus intereses, de conformidad con la Ley 489-2004, el Plan para el Distrito y el Reglamento General.

Una de las responsabilidades del Fideicomiso del Caño es identificar los hogares que puedan beneficiarse de una escritura de derecho de superficie y otorgarles dicho derecho conforme a la Ley 489-2004. Cerca de 1500 familias viven en las tierras del Fideicomiso del Caño. Hasta la fecha, se han autorizado 110 escrituras de derecho de superficie.[12] Es un proceso lento y laborioso, pues antes de poder autorizar la escritura, toda la documentación tiene que estar en orden y hay que constatar que la persona (o personas) que aparece en la escritura tenga el derecho legal para ello.[13]

Estas escrituras de derecho de superficie son el mecanismo que usa el Fideicomiso para reconocer derechos de propiedad individual a los residentes con una estructura de vivienda en las tierras del Fideicomiso del Caño. Los propietarios tienen el derecho de ocupar y usar la superficie de la tierra que sostiene sus hogares, pero no son dueños de la tierra en sí. Por lo general, los derechos de superficie se conceden a perpetuidad o durante un término específico. El derecho de superficie se constituye mediante escrituras públicas que luego se inscriben en el Registro de la Propiedad Inmobiliaria de Puerto Rico. Después de su registro oficial, este instrumento legal permite que dos propietarios coexistan y sean dueños de partes separadas del mismo espacio: el Fideicomiso del Caño es dueño de la tierra y el residente es dueño de la estructura. El residente tiene el beneficio de usar la tierra, mejorar su propiedad y hasta hipotecar el derecho de superficie, según delimitado en la escritura de derecho de superficie del Fideicomiso del Caño.[14]

Fig. 3.4. Sixta Gladys Peña Martínez, miembro del Fideicomiso del Caño y líder comunitaria, firmando la escritura de derecho de superficie correspondiente a la tierra donde está edificado su hogar, 20 de mayo de 2016. MARÍA E. HERNÁNDEZ TORRALES

Las escrituras de derecho de superficie inscritas en el registro de la propiedad inmobiliaria especifican el espacio ocupado por la vivienda y delimitan la parte de la tierra incluida. También identifican los derechos y obligaciones de la persona a quien se le ha conferido el derecho de superficie. Contiene, además, una descripción de la estructura de vivienda. Se trata de un requisito legal que permite el registro de la estructura de vivienda como una unidad separada de la tierra.[15] Otras cláusulas incluidas en la escritura de derecho de superficie están diseñadas para proteger las casas en los terrenos del fideicomiso contra reclamos de deudas no hipotecarias y no gubernamentales en virtud de la Ley de Hogar Seguro de Puerto Rico.

El valor del derecho de superficie asciende a un 25% del valor de la cabida que ocupa en la parcela la casa de la persona residente, es decir, se convierte en un activo para la familia que aumenta su riqueza de inmediato. El derecho de superficie se puede heredar o hipotecar. Las familias pueden vender sus derechos de superficie, pero no así la tierra subyacente. El Fideicomiso del Caño tiene el derecho de tanteo y retracto para comprar tanto la casa como los derechos de superficie cuando algún propietario decida vender. Así, el Fideicomiso del Caño tiene la titularidad permanente de la tierra, controla la disposición futura de los edificios allí ubicados y maneja estos activos para beneficio de las comunidades del Caño Martín Peña y las generaciones futuras.

Hasta donde sabemos, el Fideicomiso del Caño es el primer fideicomiso comunitario de tierras que se ha usado para reubicar familias y así poder construir infraestructura pública, en cumplimiento con los parámetros de la Ley Federal de Reubicación Uniforme. El costo del proceso de reubicación se reduce al usar un mecanismo de transferencia de derechos. Al unirse al Fideicomiso del Caño, las familias adquieren el derecho de superficie y tienen la oportunidad de cambiar sus casas (mayormente deterioradas y ubicadas en parcelas sobre las cuales no tienen derecho) por una casa digna en mejores condiciones. La Corporación del Proyecto ENLACE está a cargo del proceso de adquisición y construcción de viviendas, y de la reubicación de familias.

IV. LA POSIBILIDAD DE UN MAYOR USO DE LOS FIDEICOMISOS COMUNITARIOS DE TIERRAS EN ASENTAMIENTOS INFORMALES

En 2016, se calculaba que alrededor del 54.5% de la población mundial vivía en asentamientos urbanos; 828 millones de estos residentes urbanos viven en asentamientos informales densamente poblados y caracterizados por no tener titularidad de las tierras, por su infraestructura insegura e inadecuada, y por sus instalaciones sanitarias insuficientes (UN-Habitat, 2013: 112). Cerca de 113 millones de personas viven en asentamientos informales en América Latina y el Caribe (UN-Habitat, 2013: 127).

Tras casi un siglo de marginación, los residentes de los barrios aledaños al Caño Martín Peña, quienes habían vivido y luchado con los daños colaterales de vivir en un asentamiento informal durante décadas, se organizaron para crear el Fideicomiso de la Tierra del Caño Martín Peña: una entidad que trabaja para superar las privaciones y desigualdades infraestructurales, residenciales, ambientales y socioeconómicas acumuladas a lo largo de muchas décadas.

El Fideicomiso del Caño es una organización innovadora, efectiva y empoderadora, que puede servir de ejemplo a otros asentamientos informales en el mundo. En 2016, recibió el reconocimiento internacional de la organización World Habitat por su potencial para inspirar y educar a personas de otros países que luchan por el derecho a la tierra. Desde entonces, los miembros del Fideicomiso del Caño han compartido ampliamente sus instrumentos y experiencias con líderes comunitarios en asentamientos informales en América Latina, el Caribe y Asia del Sur, a quienes motivan a adaptar las prácticas pioneras aplicadas en San Juan a sus necesidades y contextos, quizás mediante un fideicomiso comunitario de tierras que les confiera el derecho de uso seguro de la tierra y el poder para detener los desplazamientos y tomar control del desarrollo local.

Las comunidades más similares a las comunidades del Caño Martín Peña con el mayor potencial para adoptar un fideicomiso comunitario de tierras adaptado a sus necesidades tienen las siguientes características:

- Muchos residentes carecen de un título válido o legal para las tierras donde viven, que pueden ser de propiedad pública o privada, ya sea de un individuo o una corporación. De manera alternativa, estas tierras podrían ocuparse y usarse como parte de un sistema de tenencia de tierras comunitarias que el Estado aún no ha reconocido ni registrado.

- Hay mecanismos de adquisición de tierras disponibles, que incluyen donaciones, ocupación ilegítima, compra o intervención del Estado;

- Un alto porcentaje de la población tiene un fuerte sentido de cohesión y pertenencia comunitaria; y

- El asentamiento informal se encuentra en un área (o en sus alrededores) donde el valor de la tierra está aumentando o en tierras codiciadas por inversionistas especuladores, lo que pone a la población actual en peligro de desplazamiento.

- Los siguientes elementos fueron clave para el éxito del Fideicomiso del Caño. Otras comunidades deben tomarlos en cuenta al considerar, planificar o intentar crear su propio fideicomiso comunitario de tierras.

Visión holística

El Fideicomiso del Caño es parte de un plan más amplio diseñado mediante un proceso participativo. El plan supuso que las organizaciones comunitarias y alianzas intersectoriales participarían en su implementación. Incluyó un enfoque polifacético de la justicia ambiental, la salud personal, la prevención de la violencia, la soberanía alimentaria, el liderazgo de los jóvenes, una economía solidaria, la transformación educativa, la alfabetización de adultos, la reubicación equitativa, los espacios públicos de calidad, el derecho de vivir en la ciudad y la garantía de titularidad y vivienda asequible a perpetuidad.

Organización y democracia comunitaria

Un fideicomiso comunitario de tierras debe diseñarse y desarrollarse mediante procesos democráticos que promuevan la participación ciudadana, de modo que sean los ciudadanos quienes identifiquen sus necesidades y prioridades, y quienes tomen decisiones sobre cómo atender estas necesidades de la mejor manera. Para que este tipo de fideicomiso sea eficaz, las comunidades tienen que participar en el proceso de planificación y adaptarlo a sus necesidades, expectativas y contexto. Los esfuerzos de organización y participación tienen que continuar después de la creación de un fideicomiso comunitario de tierras. Los residentes que viven en terrenos de un fideicomiso comunitario de tierras, o alrededor de estos, deben tener un sentido de solidaridad y tranquilidad que proviene de ser parte de una organización que protege sus hogares e intereses. Le pedimos a Margarita Cruz, residente de la comunidad Las Monjas, que describiera con una palabra lo que el Fideicomiso del Caño significa para ella. Su respuesta fue: "Nosotros. El Fideicomiso somos nosotros". Todo fideicomiso comunitario de tierras debe tener el objetivo de fomentar este sentimiento.

Capacitación, liderazgo y desarrollo de habilidades

La educación popular es una herramienta importante para lograr la participación eficaz de las comunidades. Los líderes comunitarios deben facilitar y promover la participación de los residentes en las actividades de la comunidad y en el diseño de estrategias participativas, a fin de garantizar que se escuchen y consideren las necesidades y preocupaciones de los residentes. Los procesos participativos son continuos y requieren capacitación y espacios para la reflexión constante.

Alianzas

El apoyo profesional es fundamental. Un equipo multidisciplinario de trabajadores sociales, planificadores, urbanistas, arquitectos, ingenieros, artistas, entre otros, tiene que trabajar junto con las comunidades para avanzar y ejecutar el plan holístico. Es responsabilidad de este equipo valorar el conocimiento de la comunidad; promover el pensamiento crítico, la organización y el intercambio de conocimiento entre residentes y profesionales; y considerar visiones alternativas para comprender las realidades locales. Los profesionales externos pueden responder a la agenda de la comunidad observando con atención y escuchando respetuosamente.

Asociaciones multisectoriales

Para tener éxito, los proyectos comunitarios necesitan el apoyo de los sectores público y privado, y de la academia. Estas asociaciones aumentan la exposición de las luchas comunitarias; las visibilizan mientras aportan conocimiento técnico y recursos.

Marco jurídico

Es necesario prestar mucha atención al marco jurídico para la titularidad y administración de la tierra, aun si ello implica que la comunidad tenga que crear nuevos instrumentos. Los residentes de la comunidades del Caño Martín Peña analizaron diferentes formas de titularidad de tierras, incluidas opciones de tenencia individual y colectiva. Eligieron un fideicomiso comunitario de tierras: una forma innovadora de titularidad de tierras nunca antes usada en Puerto Rico. A partir de entonces, se promovió una nueva legislación para establecer el Fideicomiso de la Tierra del Caño Martín Peña. La creación de la Ley 489 en 2004 fue el resultado de un diálogo extenso entre numerosos expertos, pero también fue la consecuencia de un proceso político intenso.

Solidaridad con las comunidades que enfrentan situaciones similares en otros países

A fin de compartir las estrategias y los instrumentos desarrollados por los residentes del Caño Martín Peña con otras comunidades del mundo, el Fideicomiso del Caño está trabajando en una nueva iniciativa llamada Espacio de Encuentro Internacional del Fideicomiso de la Tierra. La misma facilitará el diálogo entre líderes comunitarios, activistas, académicos y políticos de ciudades y países en el Caribe, América Latina, Asia, África, América del Norte y Europa respecto a las formas de tenencia de tierras controladas por la comunidad en asentamientos informales, incluidas la titularidad colectiva y las cooperativas. También servirá como un centro educativo y una red de seguimiento dirigida a generar nuevo conocimiento sobre la creación de fideicomisos comunitarios de tierras y la participación efectiva de los residentes de la comunidad en el desarrollo equitativo y las mejoras inclusivas de asentamientos informales. Por medio de esta iniciativa, el Fideicomiso del Caño se encuentra desarrollando la logística para difundir sus instrumentos y herramientas en todo Puerto Rico y en el mundo.

El Fideicomiso del Caño celebró un intercambio internacional entre pares del 29 de abril al 4 de mayo de 2019 en San Juan, titulado Desarrollo Comunitario y Titularidad Colectiva de la Tierra. Allí se reunieron miembros y residentes de asentamientos informales de diferentes países del mundo, quienes viven en riesgo de desplazamiento o que prevén ese peligro en un futuro cercano. Líderes comunitarios de Argentina, Bangladesh, Barbuda, Belice, Bolivia, Brasil, Chile, Ecuador, Jamaica, Líbano, México, Perú, Sudáfrica y los Estados Unidos. En todos los casos, había un representante de una organización comunitaria o de otras entidades aliadas que podían apoyar el desarrollo y la organización de un fideicomiso comunitario de tierras en sus comunidades una vez regresaran a sus países de origen.[16]

Los participantes compartieron las experiencias de sus comunidades y organizaciones. Muchas de sus historias reflejaban la experiencia de las comunidades del Caño Martín Peña. Reflexionaron sobre la pertinencia de la lucha y trayectoria del Caño para sus propias realidades e identificaron factores comunes y similitudes entre sus luchas y experiencias. Vieron que tenían mucho en común, aunque fueran de diferentes países. Se establecieron lazos fuertes por semejanza y solidaridad. Durante la sesión de comentarios al final del intercambio, se habló sobre la importancia de unirse y darse cuenta de que hay personas en todo el mundo que luchan con problemas similares. No están solos. Unidos son más fuertes.[17] Quedó demostrado que la organización comunitaria, capaz de fomentar el pensamiento crítico y la participación, es crucial a la hora de atender problemas de titularidad de tierras, particularmente bajo un régimen de propiedad colectiva.

⁓

CONCLUSIÓN

La mayoría de los fideicomisos comunitarios de tierras en otros países se han establecido en terrenos que estaban vacíos al momento de ser adquiridos, lo que permitió la construcción de nuevos hogares. Otros fideicomisos han adquirido edificios vacíos y los han rehabilitado. En ambos casos, los hogares recién construidos o restaurados se han puesto a la disposición de un nuevo grupo de inquilinos o propietarios de bajos ingresos. El Fideicomiso de la Tierra del Caño Martín Peña es diferente. Se estableció en tierras donde ya vivían cientos de familias que habían ocupado el espacio antes de la creación del fideicomiso. "Este fideicomiso comunitario de tierras nació grande", como a menudo dicen los residentes.

El fideicomiso comunitario de tierras desarrollado por los residentes de las siete comunidades del Caño Martín Peña sirve como "prueba de concepto" y demuestra que este tipo de fideicomiso puede ser una herramienta eficaz para regularizar la titularidad de tierras en asentamientos informales amenazados por el desplazamiento. Un fideicomiso comunitario de tierras también posibilita la redistribución de la riqueza y permite que sus miembros adquieran el control sobre la tierra del asentamiento, lo que refuerza su poder colectivo.

El Fideicomiso del Caño fue desarrollado por comunidades que experimentaron el desplazamiento en carne propia a causa de acciones directas del Estado o por procesos de gentrificación. Se diseñó para garantizar que la tan necesaria rehabilitación ambiental del Caño no llevara a la desaparición de comunidades a causa de aumentos en el valor de la tierra en la zona. También nació de una aspiración a la justicia y equidad, con el fin de que las comunidades relegadas y sus residentes sean quienes se beneficien de un proyecto

Fig. 2.5. Mural en uno de los barrios del Caño. LINE ALGOED

de gran envergadura con el que habían soñado durante mucho tiempo: un proyecto con el potencial de transformar su barrio y la ciudad.

Como dijo la Sra. Juanita Otero Barbosa, una de las líderes comunitarias del colectivo G-8: "El Fideicomiso es la única salvación que tenemos para seguir existiendo y viviendo en esta comunidad, para que no nos saquen de aquí" (Carrasquillo et al., 2009). En el contexto actual, a medida que disminuye el valor de los bienes raíces en Puerto Rico y se disparan las oportunidades de especulación para inversionistas externos que están comprando los mejores bienes inmuebles en toda la isla, el Fideicomiso del Caño se ha vuelto cada vez más pertinente para las comunidades involucradas. Gracias a este fideicomiso, los terrenos que pertenecían al Gobierno son ahora propiedad colectiva de los residentes y se han retirado del mercado permanentemente. Ya no hay riesgo de que el Gobierno decida vender la tierra en cualquier momento para capitalizar su valor. Como a menudo dicen los residentes de las comunidades del Caño Martín Peña con orgullo y tenacidad: "Esta tierra es nuestra y nadie nos la quitará".

Notas

1. Las comunidades del Caño son: Barrio Obrero, Barrio Obrero Marina, Buena Vista Santurce, IsraelBitumul, Buena Vista Hato Rey, Las Monjas, y Parada 27.

2. Puerto Rico es un archipiélago en el Mar Caribe. Además de la isla principal de Puerto Rico, hay otras dos islas importantes, llamadas Vieques y Culebra, así como otros cayos e islotes. Para efectos de este ensayo, nos referiremos a todo Puerto Rico como una "isla".

3. Este cálculo proviene del Centro de Estudios Puertorriqueños de Hunter College, CUNY.

4. El otro es el Fideicomiso Comunitario de Tierras de VoiTanzania en Kenia, que es el tema del capítulo 14 de la publicación "En Terreno Común".

5. El Plan de Acción indica que los fondos *CDBG-DR* asignados a Puerto Rico deben usarse para mitigar riesgos y cubrir las necesidades no satisfechas pasada la asistencia de emergencia.

6. La comunidad de la península de Cantera fue pionera en la elaboración de su propio plan integral de desarrollo y uso de tierras, adoptado por la Junta de Planificación de Puerto Rico en 1995. Después de la devastación que les tocó vivir por el huracán Hugo, el primer huracán de gran envergadura en azotar la isla desde 1932, y a medida que progresaba el proceso de reconstrucción, los residentes se percataron de que su vecindario sería desplazado para dar paso a proyectos de construcción lujosos. Tras aliarse y organizarse con otras comunidades, la Legislatura de Puerto Rico promulgó la Ley 20 con el propósito de crear una corporación gubernamental que trabajaría con los residentes para rehabilitar el sector empobrecido. La comunidad de Cantera no es parte del Fideicomiso del Caño, pero sus líderes comunitarios son miembros del colectivo G-8.

7. Art. V, sec. 2 del Reglamento General para el Funcionamiento del Fideicomiso de la Tierra del Caño Martín Peña 2008 (Reglamento General del Fideicomiso del Caño).

8. Este reglamento general funciona de forma muy similar a los artículos de incorporación y estatutos que constituyen legalmente la mayoría de las organizaciones sin fines de lucro en los Estados Unidos.

9. Hay cerca de 188 hectáreas (466 acres) de tierra en el Distrito de Planificación Especial del Caño Martín Peña, pero solo la tierra de propiedad pública se transferiría al Fideicomiso del Caño, donde ya vivían casi 1500 familias.

10. Es importante señalar que casi la mitad de los residentes de las comunidades del Caño Martín Peña tienen títulos de propiedad individuales como resultado de prácticas clientelistas de políticos, tanto en el ámbito estatal como en el municipal. Esto significa que hay muchas instancias en las que, al comparar los casos de dos vecinos en una misma calle, es posible que uno de ellos tenga un título de propiedad que el Gobierno le traspasó por el valor de un dólar para que así adquiriera la tierra donde está construido su hogar, mientras que el otro vecino no tiene título. Esta práctica duró más de treinta años.

11. La mayoría de las familias que necesitaban reubicarse por los trabajos de dragado decidieron unirse al fideicomiso comunitario de tierras, y se les proveyó una casa nueva y

una escritura de derecho de superficie.

12. Esto significa que, a la fecha de octubre de 2019, otras 1390 familias que forman parte del Fideicomiso del Caño y viven en los terrenos de este todavía esperaban por recibir su escritura de derecho de superficie.

13. Durante los cinco años transcurridos desde 2014, el Fideicomiso del Caño ha recibido asistencia gratuita de notarios de tipo latino para la ejecución de estas escrituras de derecho de superficie.

14. 30 L.P.R.A. sec. 6261-6276.

15. En el caso de las personas que ya poseían y ocupaban casas en terrenos públicos cuando estos se transfirieron al fideicomiso comunitario de tierras, la Junta de Fiduciarios decidió otorgarles un 25% del valor del mercado de la tierra subyacente. Si más adelante desean vender, el fideicomiso les pagará ese 25% del valor de la tierra. En el futuro, si el fideicomiso de tierras desarrolla más casas en sus terrenos, es posible que se adopte una política distinta para estos hogares.

16. El intercambio entre pares se dividió en dos sesiones: una para las personas que hablaban español y portugués, donde se reunieron quince participantes internacionales y participantes de dos comunidades de Puerto Rico, y otra para los angloparlantes, donde se congregaron treinta y un líderes comunitarios y representantes de organizaciones de la comunidad.

17. Durante el intercambio entre pares, también se celebró una conferencia abierta al público titulada "Recuperación, titularidad y desplazamientos: reflexiones desde la gestión comunitaria". En la conferencia se discutieron las iniciativas de recuperación después del huracán María, los asuntos de titularidad en un contexto global y local, y los efectos de la gentrificación conducentes al desplazamiento. Aproximadamente 136 personas escucharon sobre el Fideicomiso de la Tierra, seguido de un diálogo con líderes comunitarios de Sudáfrica, Barbuda y Argentina, quienes hablaron sobre la informalidad y las amenazas a sus hogares y barrios.

Bibliografía

Algoed, L. y M.E. Hernández Torrales (2019). "Vulnerabilization and Resistance in Informal Settlements in Puerto Rico: Lessons from the Caño Martín Peña Community Land Trust." *Radical Housing Journal,* Vol 1(1): 29-47.

Algoed, L., M.E. Hernández Torrales y L. Rodríguez Del Valle (2018). "El Fideicomiso de la Tierra del Caño Martín Peña: Instrumento Notable de Regularización de Suelo en Asentamientos Informales", Documento de trabajo. Cambridge: Lincoln Institute of Land Policy.

Bonilla, Y. y M. LeBron (2019). *Aftershocks of Disaster: Puerto Rico Before and After the Storm.* (Chicago: Haymarket Books).

Carrasquillo, J., A. Cotté, V. Carrasquillo, y M. S. Pagán (2008). *Fideicomiso de la Tierra: Experiencias en el Proceso de Creación.* Escuela Graduada de Trabajo Social Beatriz Lasalle, Universidad de Puerto Rico.

Navas Dávila, G. (2004). "Fideicomiso social de la Tierra." Trabajo preparado para el Dr. Fernando Fagundo, Secretario de Transportación y Obras Públicas del Estado Libre Asociado de Puerto Rico.

UN Habitat (2013). *State of the World's Cities 2012/2013.* Disponible en: *https://sustainable-development.un.org/content/documents/745habitat.pdf* [Accedido el 14 de agosto de 2019.]

UN Habitat (2012). *Estado de las ciudades en América Latina y el Caribe, Brasil.* Véase también: *Urban Development and Energy Access in Informal Settlements. A Review for Latin America and Africa,* ResearchGate. Disponible en: *https://www.researchgate.net/figure/Percentage-of-urban-population-living-in-slums-in-the-Latin-America-and-Caribbean_fig2_309273730* [Accedido el 25 de julio de 2019.]

3.

Los fideicomisos comunitarios de tierras en asentamientos informales
una adaptación del modelo del Fideicomiso de la Tierra del Caño Martín Peña en las favelas de Río de Janeiro, Brasil

Tarcyla Fidalgo Ribeiro, Line Algoed,
María E. Hernández Torrales, Lyvia Rodríguez Del Valle,
Alejandro Cotté Morales y Theresa Williamson

El presente capítulo es producto de un proyecto de investigación colaborativo entre la organización Comunidades Catalisadoras (*Catalytic Communities* en inglés), con sede en Río de Janeiro, y el primer fideicomiso comunitario de tierras en América Latina, uno de los pocos fideicomisos de esta índole en asentamientos informales: el Fideicomiso de la Tierra del Caño Martín Peña en San Juan, Puerto Rico. El objetivo de la investigación fue estudiar el potencial de los instrumentos y estrategias de fideicomisos comunitarios de tierras, desarrollados por las comunidades aledañas al Caño Martín Peña como una solución a la inseguridad de la tenencia de la tierra en las favelas de Río de Janeiro.[1]

A base de esta investigación, presentamos recomendaciones y lecciones esenciales que deben tomarse en cuenta al considerar la creación de fideicomisos comunitarios de tierras en asentamientos informales, como los que hay en Puerto Rico, Brasil y en la mayoría de los países del sur global. Para efectos de este ensayo, hemos definido "asentamientos informales" como los asentamientos donde los mismos habitantes han construido sus hogares en áreas comunales ubicadas en tierras sobre las que no tienen titularidad y en donde continúan viviendo.[2] Muchos de estos asentamientos han existido durante varias generaciones. Por lo tanto, con el paso del tiempo, pueden *consolidarse* y desarrollar un modo de vida arraigado en comunidades donde los habitantes han construido viviendas, tienen acceso a algunos servicios y han establecido lazos comunitarios, aun cuando la titularidad sobre la tierra es precaria para ellos. Es decir, su derecho de ocupar la tierra que sostiene su hogar es "informal". En estos casos, la regularización se convierte en un objetivo principal. En otras palabras, el proceso de asegurar legalmente la ocupación y el uso de la tierra en un asentamiento informal se vuelve prioritario.

En este capítulo exponemos una serie de condiciones que pensamos deben identificarse en los asentamientos informales antes de considerar la creación de un fideicomiso comunitario de tierras como estrategia principal para la titularidad y regularización de tierras. También presentamos un análisis de estrategias legales que consideramos necesarias para implementar este tipo de fideicomiso, particularmente en las favelas (asentamientos informales) de Río de Janeiro. Esperamos que este capítulo pueda servir a otras comunidades, organizaciones y profesionales que tengan interés en entender el proceso de establecer un fideicomiso comunitario de tierras en un asentamiento informal.

Hay varios elementos especiales que deben tomarse en cuenta en la creación de estos fideicomisos en el sur global, específicamente en el contexto de asentamientos informales. Los obstáculos para establecer un fideicomiso comunitario de tierras en un asentamiento informal son muy diferentes a los que enfrentan los fideicomisos en ciudades de Norteamérica, Reino Unido y Europa. Mediante estos fideicomisos, en dichas ciudades suelen desarrollarse nuevos hogares a un gran costo económico, sean proyectos de construcción o rehabilitación, que luego se mercadean a posibles compradores o arrendadores, quienes deciden si desean vivir en las nuevas viviendas construidas. Antes de mudarse, pueden sopesar si para ellos es aceptable vivir en terrenos que son propiedad de un fideicomiso comunitario de tierras o comprar casas con límites de ganancia en la reventa. En cambio, es posible que las personas que viven en asentamientos informales sean dueñas de sus hogares, construidos por ellos mismos o por alguna generación previa. A menudo tienen un sentido de propiedad de la tierra, aun cuando carecen de títulos de propiedad sobre el terreno. Los residentes pueden mostrarse renuentes a compartir el control sobre la tierra con una nueva entidad organizativa que les ofrece una forma de titularidad que ellos desconocen.

El tipo de organización que aquí discutiremos y propondremos está diseñada, en parte, para aplacar dicha renuencia. Por ende, para que un fideicomiso comunitario de tierras como el de Puerto Rico sea exitoso en Brasil, deben ser los residentes de la comunidad quienes lo organicen y dirijan.

En asentamientos informales en toda América Latina, particularmente en Brasil, es urgente encontrar nuevas estrategias para garantizar la titularidad de la tierra. Se calcula que casi la mitad del territorio de Brasil no tiene derechos de propiedad plenos (Ministério das Cidades, 2019). La precariedad legal de la titularidad de la tierra en las favelas ha facilitado desalojos arbitrarios por parte de los Gobiernos, como por ejemplo los muchos desahucios que precedieron a dos eventos deportivos internacionales en Río de Janeiro: la Copa Mundial en 2014 y los Juegos Olímpicos en 2016. La precariedad de la titularidad también ha servido como excusa para que los Gobiernos descuiden el desarrollo de la infraestructura local y la prestación de servicios públicos adecuados. Así, la seguridad de la tenencia y la regularización de derechos sobre la tierra en las favelas se vuelven

Fig. 3.1. Favela Fogueteiro, centro de Río de Janeiro. COMUNIDADES CATALISADORAS

esenciales para garantizar el derecho de vivir en barrios seguros con todos los servicios necesarios, y el derecho a la ciudad (Soares Gonçalves, 2009).

Con frecuencia, los programas de regularización de la tenencia centrados en los títulos de propiedad individuales (dar a los ocupantes de asentamientos informales las escrituras de los terrenos) han aumentado el riesgo de desplazamientos involuntarios, como resultado de las presiones del mercado que se intensifican a raíz de la legalización de la tenencia de la tierra. Incluso donde los desalojos forzosos no se están implementando o donde los Gobiernos han invertido recursos públicos en programas de rehabilitación y mejoras, las favelas ubicadas céntricamente se enfrentan a la gentrificación. Durante el periodo preolímpico en Río, la gentrificación, conocida localmente como *remoção branca* o "desalojo blanco", fue noticia en la prensa nacional e internacional, y tema de debate en eventos comunitarios.

Es tiempo de profundizar en la conversación sobre la tenencia de la tierra más allá de sus aspectos legales, y dejar a un lado el énfasis en la propiedad individual como estrategia de regularización en asentamientos informales. La propiedad individual no ha protegido a estas comunidades contra el desplazamiento involuntario y la gentrificación. La estrategia para regularizar la tenencia de la tierra no puede limitarse a "legalizar" la relación de los individuos con las parcelas que ocupan. Más bien, deben ser los propios residentes quienes tomen esta decisión como parte de un proceso participativo que les ayude a avanzar su visión para el futuro de su comunidad. La titularidad de la tierra no debe ser el fin en sí, sino un instrumento para lograr objetivos colectivos e individuales. El proceso implica que, además de los títulos de propiedad individual, hay otras opciones disponibles que los residentes deben evaluar según sus prioridades. La clave para atender el asunto de la titularidad de la tierra radica en un proceso participativo de planificación, acción y reflexión.

El capítulo comienza con un resumen de la situación actual en las favelas de Río de Janeiro, donde la inseguridad de la tenencia ha causado amenazas de desahucios y gentrificación. Describimos las políticas de regularización de tierras en Brasil, pasadas y presentes, y argumentamos que las mismas no han podido detener los desplazamientos involuntarios, por lo que considerar mecanismos y políticas que favorezcan la titularidad colectiva es un asunto urgente. Luego nos centramos en el Fideicomiso de la Tierra del Caño Martín Peña, y explicamos cómo los residentes de las comunidades del Caño concluyeron que un fideicomiso comunitario de tierras era la mejor estrategia para proteger los terrenos donde sus familias han vivido durante casi un siglo.

Finalmente, a raíz de lo aprendido en los intercambios entre pares con líderes comunitarios y personal del Fideicomiso del Caño en Puerto Rico, y líderes comunitarios y facilitadores técnicos en Brasil, presentamos las implicaciones legales de establecer un fideicomiso comunitario de tierras en las favelas de Río de Janeiro. También hacemos un análisis de las condiciones necesarias para que sea posible y viable crear dicho fideicomiso, y ofrecemos recomendaciones que los líderes comunitarios, organizadores y profesionales de apoyo deben tomar en cuenta al hacer las primeras gestiones para la creación de un fideicomiso comunitario de tierras en un asentamiento informal.

I. LAS FAVELAS DE RÍO DE JANEIRO: VIVIENDAS INSEGURAS EN TIERRAS INSEGURAS

Actualmente, Río de Janeiro tiene más de 1000 favelas de diferentes tamaños; algunas con pocos residentes y otras con sobre 200 000 habitantes. Más del 24% de la población de la ciudad vive en favelas, que representan la fuente principal de viviendas asequibles. La primera comunidad en llamarse "favela" se conoce hoy día como Morro da Providência (Monte La Providencia). Los fundadores de la comunidad fueron africanos previamente esclavizados, reclutados para luchar en la sangrienta guerra de Canudos en la árida zona noreste de Brasil. Como pago por su servicio militar, les prometieron tierras en Río de Janeiro, la capital de la nación en aquel entonces. Sin embargo, cuando llegaron allí en 1897, no les dieron tierra alguna, por lo que se establecieron en una ladera entre el centro de la ciudad y el puerto. Bautizaron el lugar como Morro da Favela (Monte Favela), por los fuertes y espinosos arbustos de *favela* que adornaban las laderas de Canudos. Con el tiempo, todos los asentamientos informales en Río de Janeiro se han denominado favelas,

Fig. 3.2. Morro da Providência hoy día; la primera favela en Río. COMUNIDADES CATALISADORAS

incluidos los que se establecieron mucho antes, como la comunidad de Horto, establecida a principios del siglo XIX y aún en pie de lucha contra el desplazamiento.

Hay una serie de datos fundamentales para entender por qué, durante más de 122 años tras el establecimiento de la primera favela, es ahora que la posibilidad de crear fideicomisos comunitarios de tierras en las favelas ha despertado el interés de los organizadores locales. En primer lugar, debemos considerar la *envergadura* del proyecto. En la actualidad, más de 1.4 millones de personas viven en las 1000 favelas que hay en Río y la gran mayoría no tiene un título de propiedad legal sobre el terreno que ocupa.

En segundo lugar está el asunto *racial*. Río fue el puerto de esclavos más grande en la historia mundial y recibió cinco veces más africanos esclavizados que todo Estados Unidos. Además, el periodo de la esclavitud en Brasil fue un 60% más largo. Los hombres libres que habían sido esclavizados anteriormente sirvieron en la batalla de Canudos en nombre de su nación adoptiva. Habiéndoles denegado la compensación prometida, ocuparon la tierra y crearon una favela junto al puerto de Río. En toda la ciudad, cientos de miles de otros descendientes de esclavos y emigrantes rurales se unieron a ellos en las siguientes generaciones. Como resultado, hoy día los mapas raciales de Río de Janeiro muestran que los brasileños negros y de raza mixta tienden a vivir en favelas, particularmente en las remotas, mientras que los brasileños blancos viven, mayormente, en regiones céntricas y exclusivas.

En tercer lugar, se debe considerar la *perdurabilidad* histórica de estos asentamientos informales. En promedio, las favelas de Río no son las "chabolas" precarias ni los "arraba-les" inhóspitos que nos presentan los medios de comunicación populares, sino comuni-dades bien establecidas con una larga historia, cuyos habitantes han invertido en la comu-nidad y cuentan con una producción cultural sólida.[3]

Por último, es necesario comprender el *abandono* intencional infligido contra estas co-munidades. Después de 120 años, los barrios de las favelas siguen sin acceso a los servicios esenciales, son asediados por la policía y enfrentan la inseguridad de tenencia de la tierra. Río no es una ciudad que recién comienza a urbanizarse. Esto sucedió hace décadas, por lo que ha habido tiempo de sobra para hacer las mejoras que nunca se concretaron.

Las favelas en la actualidad: el efecto de un ciclo de abandono legitimado

Se podría argumentar que, desde el principio, el establecimiento de un asentamiento informal representa un fracaso del Gobierno, específicamente su incapacidad de proveer viviendas asequibles y dignas en un entorno comunitario solidario. No obstante, una vez consolidadas, el verdadero fracaso es negar a las comunidades el reconocimiento, la pre-servación y el mejoramiento de su inversión histórica. Una clara señal de una comunidad consolidada o en vías de consolidación es cuando los residentes valoran su comunidad e identifican su *permanencia* en el territorio como un objetivo principal, sin mencionar las comunidades con una cantidad significativa de viviendas y otras instalaciones comu-nitarias construidas por cuenta propia. En este momento, la política pública debe cen-trarse en identificar dichas comunidades y trabajar con las personas que allí residen para determinar sus necesidades, brindar los servicios que hacen falta y preservar los bienes

Fig. 3.3. Favela Vidigal, donde el proceso de gentrificación es más notable. FELIPE PAIVA

forjados por la comunidad. En las comunidades autogestionadas, solo sus residentes pueden identificar con precisión cuáles son sus bienes y necesidades, y cuál es la mejor manera de preservarlos o atenderlas, respectivamente. Por lo tanto, el derecho al control comunitario sobre el desarrollo se ha vuelto cada vez más importante y merecido.

Se trata de un entendimiento reciente, de la década pasada, tras la selección de Río de Janeiro como ciudad anfitriona para la Copa Mundial en 2014 y los Juegos Olímpicos en 2016. Antes de 2008, la economía de la ciudad estuvo estancada durante treinta años, y a menudo se presumía que la situación de infrainversión se debía a la falta de fondos públicos. Sin embargo, durante la preparación para los juegos olímpicos, el Gobierno gastó más de $20 mil millones en infraestructura y otras mejoras públicas en Río. Las promesas hechas a las favelas se desvanecieron, incluido el programa Morar Carioca que actualizaría todas las favelas para el año 2020 (Osborne, 2013). Al contrario, 77 000 personas que vivían en favelas perdieron sus hogares por desalojos forzosos (Children Win, 2016).

En unas pocas favelas, el Gobierno otorgó títulos de propiedad e invirtió en vigilancia policial para disminuir los índices de criminalidad. También hizo inversiones para formalizar los servicios públicos (agua, electricidad) y los negocios de la comunidad. Las paradas comunitarias de mototaxis y otros negocios operados informalmente ahora tendrían que registrarse y pagar los impuestos y tarifas correspondientes. Lo mismo ocurrió con el acceso a servicios públicos esenciales. No es casualidad que esto haya ocurrido en algunas favelas ubicadas en la zona turística de la ciudad (Zona Sur), donde la tierra tiene los valores más altos y donde, en términos políticos, es más difícil hacer desalojos. Por consiguiente, estas comunidades experimentaron los comienzos de un proceso de gentrificación; el costo de vida aumentó, se dispararon los precios de las propiedades, los inquilinos desalojaban sus hogares, abrían cadenas de hoteles y barras, y algunas personas vendieron sus propiedades sin saber que el valor monetario (y emocional) de estas era mucho mayor de lo que aceptaron de los compradores (Timerman, 2013).

Fue en este momento, y con el aval de la comunidad y de los medios internacionales (que dejaron su dependencia previa al monopolio de los medios locales), que se hizo explícita la política gubernamental de abandono y explotación. Un funcionario público, inconsciente de las implicaciones de sus comentarios, señaló en 2013: "No había problemas con las favelas en la Zona Sur mientras aportaban mano de obra barata en áreas cercanas. Ya no es así". Al parecer, los residentes de las favelas están destinados a servir, es decir, a no ser atendidos. Cuando dejan de ser útiles, tienen que irse. Cuando su tierra aumenta de valor, tienen que irse. Esa es la lógica impregnada en las políticas públicas y relaciones sociales en todo el territorio de Río.

Los líderes de las favelas hoy día son mucho más conscientes de que su experiencia actual y lo que siempre han conocido es un círculo vicioso de abandono legitimado. A lo largo de generaciones, esta ha sido la política convencional de los Gobiernos municipales y estatales en torno a las favelas. No invertir en la tríada de servicios más necesitados en las comunidades (salud, educación y saneamiento) redunda en la falta de oportunidades y marginación de la sociedad en general, lo que lleva a algunos residentes a cometer delitos. A su vez, esto hace de las favelas un blanco fácil para el crimen. Cuando los barrios se conocen por su incidencia criminal, el Gobierno justifica aún más sus acciones represivas, el abandono y los desalojos. Así el ciclo continúa.

A pesar de ello, los residentes han construido muchas comunidades resistentes y culturalmente vibrantes con un gran potencial. En general, las favelas de Río de Janeiro están bien ubicadas por toda la urbe, ya que la mayoría se establecieron por su cercanía a las áreas con empleos y servicios. Este es el patrimonio que los residentes buscan defender y seguir construyendo cuando insisten en permanecer en sus barrios. Por eso hubo tensión durante el periodo preolímpico: mientras les negaban títulos de propiedad a las comunidades que enfrentaban desahucios y deseaban dichos títulos, las comunidades que experimentaban la gentrificación se expresaban en contra de la titularidad individual. ¿Cómo es esto posible? Porque es evidente que los títulos de propiedad, considerados una panacea durante mucho tiempo, no brindaron la protección que las comunidades anhelaban (Williamson, 2015).

Por eso es urgente evaluar las alternativas de titularidad de la tierra en el contexto de Río de Janeiro. En lugar de adoptar mecanismos que faciliten el "derecho a la especulación", los organizadores de las favelas buscan mecanismos que garanticen el derecho de quedarse en su lugar, un mayor acceso a servicios públicos, el reconocimiento de los bienes comunitarios autogestionados y el control de la comunidad.

El fracaso de las políticas de regularización para resolver el problema de inseguridad de la tenencia de la tierra en las favelas de Brasil

Más del 50% del territorio nacional de Brasil está ocupado de forma informal o irregular, es decir, sin un título de propiedad de la tierra. Esto comenzó durante el colonialismo portugués del siglo XVI. No fue hasta el siglo XIX que se buscó cambiar esta situación promulgando la Ley de Tierras de 1850.[4] Pese a este cambio legislativo, el panorama de ocupación descontrolada continuó y se exacerbó en el siglo XX a causa de un proceso de urbanización intenso. Pasaron décadas tras la aprobación de la Ley de Tierras sin que hubiera progreso en la regularización de la tenencia de tierras en asentamientos informales. Tampoco se adoptaron nuevas medidas legislativas ni prácticas para solucionar el problema.

Finalmente, este escenario de abandono comenzó a cambiar en el contexto urbano con la promulgación de la Constitución Federal de 1988, la cual incluía un capítulo dedicado a la política urbana como resultado de la presión ejercida por varios movimientos sociales y técnicos que luchan por hacer reformas urbanas. Este capítulo de la Constitución pasaría a estar regulado por la Ley Federal 10.257 (2001), conocida como el Estatuto de la Ciudad, mediante el cual se instauró una serie de instrumentos importantes para la regularización de la tierra, que sirven como una guía general para la política urbana nacional.

A pesar de la creciente atención al problema de inseguridad de la tierra en términos legislativos, no fue hasta el año 2009 que se instituyó la regularización de la tierra como una política pública con pretensiones amplias en virtud de la Ley 11.977 (2009). Esta ley sirvió de base para regularizar la titularidad de la tierra de modo que se garanticen los derechos de los habitantes de asentamientos informales y se refuerce la adjudicación de responsabilidad de los desarrolladores y agentes de bienes raíces que contribuyeron a la situación de informalidad de la tierra. En otras palabras, sentó las bases para la regularización de la tenencia de tierra, incluidas disposiciones para el título de propiedad legal y para el registro de las tierras ocupadas por residentes de asentamientos informales. La ley también incluyó medidas para hacer mejoras territoriales, reforzar los procedimientos de seguridad en la construcción y mejorar las condiciones sociales y económicas de los residentes de las favelas.

> Donde la tierra tiene más valor, la titularidad individual fortalece las inversiones especulativas.

No obstante, la Ley 11.977 (2009) tuvo poco efecto por su corta duración. Su capítulo sobre la regularización de la tenencia de la tierra fue revocado por la Ley 13.465 (2017), promulgada tras el derrocamiento de la presidenta Dilma Roussef. La nueva legislación cambió el modelo de regularización previo y lo redujo al aspecto registral: otorgar títulos de propiedad a las personas que viven en asentamientos informales. Esta ley hizo hincapié en la titularidad individual mediante la plena propiedad privada y priorizó así la regulación del registro sin considerar las otras dimensiones de la regularización de la tierra, particularmente las relacionadas con mejoras de infraestructura en las favelas y asistencia social a sus residentes, que eran componentes esenciales del marco legislativo anterior (Ley 11.977 [2009]).

La amenaza más directa a la seguridad de la tenencia provino de la opción dada a la legislatura de Brasil en virtud de esta nueva ley para distribuir títulos de propiedad a residentes de asentamientos informales. En las zonas de la ciudad donde la tierra tiene más valor, la titularidad individual fortalece la inversión especulativa en bienes raíces y aumenta el costo de vida para los residentes más pobres. El aumento en el costo de vida se debe a la implantación de nuevas tarifas (a menudo exorbitantes) para acceder a servicios básicos, como el agua y la electricidad; la recaudación de impuestos sobre la propiedad; la formalización forzosa de negocios locales; y el crecimiento de nuevos negocios en la zona dirigidos a un mercado de mayor capacidad adquisitiva. Mientras tanto, la introducción del desarrollo especulativo estimula a los residentes a vender sus propiedades, usualmente a precios por debajo del valor establecido en el mercado formal, pero por encima de los asignados en el mercado informal en el que se comercializaban las propiedades.

No obstante, como toda intervención previa en la formulación de políticas, esta última legislación para la regularización de la tenencia de la tierra se ha caracterizado por las disputas y contradicciones suscitadas. Como reforzará la especulación, esta nueva ley amenaza la seguridad de la tenencia directamente. Además, evita que se garantice a los residentes de bajos ingresos el derecho de acceder a los servicios esenciales. Por otro lado, este marco jurídico también posibilita la creación de un fideicomiso comunitario de tierras, en caso de que se concedan derechos plenos sobre la tierra a las comunidades que deseen crear uno. Por consiguiente, se debe dar seguimiento continuo a la implementación de esta ley a fin de garantizar la seguridad de tenencia entre las personas más pobres.

II. ADAPTACIÓN DE INSTRUMENTOS Y ESTRATEGIAS DEL FIDEICOMISO DE LA TIERRA DEL CAÑO MARTÍN PEÑA PARA SU POSIBLE APLICACIÓN EN LAS FAVELAS DE RÍO

Tras una década de apoyar a cientos de líderes comunitarios de las favelas y ayudar a sus comunidades en la lucha contra los desalojos por parte del Gobierno y contra la gentrificación causada por el mercado (a raíz de la falta de títulos de propiedad y gracias a estos, respectivamente), la organización sin fines de lucro Comunidades Catalisadoras (ComCat), con sede en Río de Janeiro, comenzó a estudiar el potencial de los fideicomisos comunitarios de tierras para las favelas de Río de Janeiro. A principios de la década del 2010, la organización consultó con aliados académicos y de negocios, quienes conocían el modelo de dichos fideicomisos en los Estados Unidos, con el fin de teorizar e imaginar su posible aplicación en las favelas. Los fideicomisos comunitarios de tierras parecían ofrecer una solución que apoyaría a los residentes de favelas consolidadas en su objetivo principal respecto a la seguridad de la tierra: la *permanencia*. En otras palabras, poder quedarse en el barrio en el que han invertido económica y emocionalmente, el lugar sobre el que tienen un sentido de pertenencia.

Fig. 3.4. Vida en la calle en la favela Asa Branca. COMUNIDADES CATALISADORAS

ComCat concluyó que los fideicomisos comunitarios de tierras serían adecuados para formalizar las favelas de Río porque están organizados y funcionan como estas: se construyen casas, que luego se compran, heredan y venden en un mercado inmobiliario paralelo y asequible, pero la tierra subyacente se considera un bien común. Mientras tanto, los residentes trabajan unidos para construir y mantener su comunidad, y para luchar por la realización de mejoras. Con frecuencia, las favelas se encuentran en terrenos de propiedad pública. Se piensa que estos asentamientos informales son muestra del cumplimiento con la "función social" de la tierra, según lo exige la Constitución de Brasil. Los fideicomisos comunitarios garantizan la tenencia de la tierra a poblaciones vulnerables y mantienen el valor no pecuniario forjado por la comunidad. Esto se hace por medio de un convenio flexible que se adapta fácilmente a diferentes realidades regionales. También es un convenio emancipatorio, pues toda la planificación y gestión del territorio nace de la comunidad que ahora puede definir oficialmente el desarrollo de su territorio.

Si bien Comunidades Catalisadoras entendía que los fideicomisos comunitarios de tierras tenían el potencial de formalizar las favelas de Río, la organización no se sintió capaz de introducir un concepto tan desconocido y teórico al debate público. Parecía imposible lograr la agilidad mental necesaria para tomar un modelo estadounidense en el que se crean fideicomisos comunitarios desde cero, y aplicarlo en asentamientos informales establecidos desde hace décadas en Brasil, de modo que en las favelas aumentara la demanda (y el poder) por la implementación de este modelo.

Fue en este contexto que ComCat se enteró del Fideicomiso de la Tierra del Caño Martín Peña en Puerto Rico. Siete comunidades de San Juan no solo comprendieron el modelo a cabalidad, sino que además *materializaron* una visión de lo que pueden lograr los asentamientos informales al usar los conceptos básicos del modelo estadounidense para crear un fideicomiso comunitario de tierras adaptado a sus circunstancias. El Fideicomiso del Caño ya había demostrado con éxito que establecer un fideicomiso comunitario en las favelas de Río podría ser una estrategia eficaz para detener los desalojos forzosos y atender, a su vez, los problemas que usualmente surgen con la titularidad individual, incluidos costos de vida más altos, la gentrificación y la especulación en el mercado de bienes raíces; el individualismo y la atomización de comunidades; y un cambio en la cultura local debido al crecimiento de la lógica mercadológica que excluye los intercambios tradicionales (colectivos y desmonetizados) que han sostenido a las favelas históricamente. Por lo general, los organizadores de las comunidades dedican muchos años a conseguir títulos de propiedad individuales como la solución principal a la inseguridad en la tenencia de la tierra, pero rara vez piensan en los nuevos problemas que enfrentarán los residentes una vez se otorguen estos títulos. Entonces es muy tarde para remediarlos porque los mecanismos que podrían respaldar la resistencia ya se habrán aplacado con la integración de la lógica individualizada de la titularidad convencional.

> Los fideicomisos comunitarios de tierras pueden servir como un instrumento de emancipación y empoderamiento.

En cambio, el fideicomiso comunitario de tierras parecía ofrecer una solución tanto al problema principal (inseguridad en la tenencia de la tierra) como a los problemas secundarios mencionados. No se trata simplemente de un convenio para adquirir y administrar tierras. Según lo ha demostrado el Fideicomiso de la Tierra del Caño Martín Peña, también puede servir como un instrumento de emancipación y empoderamiento. Con el Fideicomiso del Caño se observó un aumento en la unidad de siete barrios durante el proceso de planificación comunitaria que llevó al establecimiento de su fideicomiso, y que tuvo como resultado la adquisición de un nivel de poder extraordinario en sus relaciones con las autoridades públicas.

El Fideicomiso de la Tierra del Caño Martín Peña: el primer fideicomiso comunitario de tierras en América Latina

Durante casi ochenta años, cerca de 25 000 residentes de las comunidades aledañas al Caño Martín Peña eran invisibles para los funcionarios del Gobierno estatal y municipal. Estas comunidades, ubicadas en el corazón de San Juan, la capital de Puerto Rico, son producto de la migración rural durante la crisis económica que comenzó en la década de los años veinte y se extendió hasta la década de los cincuenta. Los campesinos pobres se mudaron con sus familias al área de San Juan en busca de empleos y mejores condiciones de vida. La mayoría construyó su propia vivienda. Algunas familias ocuparon tierra firme, pero muchas personas construyeron sus hogares en humedales aledaños al Caño Martín Peña usando cartón, zinc y madera. Son muchas las familias que construyeron sus casas en el agua. Con el tiempo, los residentes y el Municipio de San Juan llenaron los humedales con todo tipo de escombros a fin de crear tierra firme que sostuviera las casas improvisadas. La ciudad continuó creciendo y pronto las comunidades del Caño se encontraron en el corazón de San Juan, justo al lado del distrito financiero. De repente, un lugar que ninguna administración de gobierno quiso reconocer o ayudar tenía una ubicación estratégica en tierras valiosas que representaban múltiples oportunidades de desarrollo para la ciudad y el país.

La desinversión y el abandono del Gobierno, junto con el pobre manejo del canal, causaron que este quedara obstruido. Esta situación, sumada a la falta de infraestructura adecuada, exponía a las comunidades del Caño a un ambiente insalubre. Sin embargo, en 2002, tras décadas de propuestas y ninguna acción concreta, el Gobierno anunció su intención de dragar y restaurar el Caño Martín Peña para así reconectar lagunas, canales, humedales y playas que son parte del Estuario de la Bahía de San Juan.

Como ya se habían enfrentado a la amenaza de desalojos y desplazamientos en el pasado, las comunidades del Caño se insertaron en el proceso de planificación de lo que ahora es el Distrito de Planificación Especial del Caño Martín Peña con el fin de proteger la permanencia de sus comunidades. Para liderar el esfuerzo, crearon el Proyecto ENLACE del Caño Martín Peña, el cual se complementa con un fuerte componente de organización y participación comunitaria.

Su participación convirtió un proyecto de ingeniería (sin conocimiento de sus externalidades negativas) en un proyecto de desarrollo integral (que toma acción para prevenir dichas externalidades), y dio pie a la creación de instituciones y política pública para hacerlo viable. Además de la limpieza y el dragado del canal, los planes incluyen mejoras a la infraestructura de alcantarillados pluviales y sanitarios para evitar más contaminación, y mejoras necesarias a la infraestructura de energía y de agua potable. También se reconoció que sería necesario hacer intervenciones para mejorar la calidad de los espacios públicos y las viviendas precarias; idear estrategias de reubicación sensatas; y promover iniciativas de desarrollo socioeconómico.

Creado con la participación activa e informada de los residentes, el Plan de Desarrollo Integral y Usos del Terreno del Distrito de Planificación Especial del Caño Martín Peña (Plan para el Distrito) dejó claro que su implementación solo sería posible si la comunidad tenía el control de la tierra. Setenta y ocho de las casi 188 hectáreas (194 y 466 acres, respectivamente) que componen el Distrito de Planificación Especial estaban dispersas por la zona y pertenecían a cinco diferentes agencias gubernamentales. Aunque había algunos solares y edificios públicos vacíos, la mayor parte de estos terrenos la ocupaban residentes que no tenían título de propiedad alguno sobre la tierra. Los planes para la restauración ecológica y la rehabilitación de infraestructura en el distrito habrían puesto a estos residentes en una posición vulnerable ante el desplazamiento involuntario y la gentrificación. Por eso las comunidades del Caño realizaron un proceso de deliberación para evaluar qué tipo de estrategia de titularidad de la tierra podía garantizar su permanencia (Algoed, Hernández Torrales, Rodríguez Del Valle, 2018).

En el Distrito de Planificación Especial del Caño Martín Peña ya se habían dado diferentes estrategias y experiencias relacionadas con la titularidad de la tierra. Cuando este asentamiento informal comenzó, los campesinos que ocuparon los terrenos públicos sin tener títulos de propiedad se convirtieron en dueños de las mejoras a la tierra, pero los terrenos seguían siendo públicos.[5] Durante la década de los años sesenta y a principio de los setenta, algunas comunidades del Caño formaron cooperativas de tierras con la ayuda del Gobierno, las cuales permitieron que muchos residentes adquirieran la tierra que ocupaban y desarrollaran infraestructura básica para sus comunidades. El 1 de julio de 1975, la Legislatura de Puerto Rico promulgó una ley que hizo posible que las familias o personas de bajos ingresos sin título de propiedad, como los residentes de las comunidades aledañas al Caño, pudieran adquirir la titularidad de tierras públicas a un costo muy bajo; en general, por el valor de un dólar ($1.00). No obstante, esta medida fue utilizada por los políticos como una estrategia clientelista para obtener votos electorales, por lo que no todos los residentes de las comunidades se beneficiaron de la ley.

Para el año 2002, había personas en las comunidades del Caño con títulos de propiedad individuales, pero casi el 50% de los residentes vivían en tierras sobre las que no tenían titularidad ni control. Los residentes sabían que, debido a la ubicación estratégica de sus barrios, la restauración del Caño estimularía la venta de parcelas con títulos de propiedad a inversionistas especuladores a precios más altos que su valor en el mercado, pero significativamente más bajos que su potencial de mercado, lo que continuaría fragmentando las comunidades. Las personas que vendieran sus parcelas no encontrarían alternativas de vivienda en la ciudad por la cantidad de dinero que recibirían por su tierra.

Como parte del proceso participativo de planificación, acción y reflexión que llevó a la adopción del Plan para el Distrito, los residentes evaluaron varias opciones para atender la inseguridad de la tenencia con una serie de prioridades que incluyen: evitar el desplazamiento y la gentrificación como una consecuencia no deliberada de restaurar el Caño; tener acceso al crédito; y asegurar que sus herederos puedan heredar el derecho de ocupar y usar la tierra, legitimado con un título válido. Los residentes analizaron las formas de propiedad de la tierra con las que estaban familiarizados, como los títulos de propiedad individuales y las cooperativas de tierras; también exploraron métodos para adquirir y administrar terrenos, que eran nuevos para Puerto Rico, incluido el fideicomiso comunitario de tierras.

Después de considerarlo minuciosamente, concluyeron que este tipo de fideicomiso es un instrumento con la flexibilidad suficiente para satisfacer sus necesidades y más. Los fideicomisos comunitarios de tierras se distinguen de otras formas de propiedad por tres características básicas: un desarrollo dirigido por la comunidad en tierras de propiedad colectiva para brindar viviendas asequibles a familias de bajos ingresos. Contenido en ese marco general, un fideicomiso comunitario de tierras podría adaptarse y aplicarse de cualquier manera que una comunidad requiera. En el caso de las comunidades del Caño, los residentes llegaron a la conclusión de que un fideicomiso de esta índole les permitiría tener el control colectivo sobre la tierra y garantizaría la implementación del Plan para el Distrito, que incluye la provisión de viviendas a las familias que tengan que reubicarse. Las comunidades del Caño diseñaron un fideicomiso comunitario de tierras que les permitiría asegurar la tenencia y regularizar su relación con la tierra donde están construidos sus hogares. Mediante el Fideicomiso de la Tierra del Caño Martín Peña, el derecho de uso de la tierra se validaría con un documento legal (una escritura pública) que reconoce el derecho de superficie, el cual se heredaría de conformidad con las leyes de Puerto Rico; las mejoras (la casa) se registrarían en el Registro de la Propiedad Inmobiliaria de Puerto Rico, junto con el derecho de superficie; los residentes tendrían la oportunidad de desarrollar nuevas viviendas asequibles; y tendrían acceso al crédito hipotecario, entre otros beneficios importantes que no habían disfrutado anteriormente.[6]

> Los residentes del Caño diseñaron un fideicomiso comunitario de tierras que les permitiría asegurar la tenencia de la tierra.

Marco jurídico del Fideicomiso de la Tierra del Caño Martín Peña

El fideicomiso comunitario de tierras es una herramienta versátil que permite una amplia gama de posibilidades de adaptación, según las condiciones del sistema jurídico de cada país. Puerto Rico fue una colonia española hasta la invasión de Estados Unidos en 1898. Este evento causó un cambio de jurisdicción en términos legales. En las áreas del derecho privado (p. ej., las personas, la propiedad y sus modificaciones, las diferentes formas de adquirir propiedad, las obligaciones y los contratos), Puerto Rico todavía aplica los fundamentos del Código Civil Español, como lo hace la mayoría de los países latinoamericanos. Sin embargo, en las ramas como el derecho corporativo, el derecho administrativo y el derecho constitucional, Puerto Rico se rige por el derecho común anglosajón.

Garantizar el control comunitario de la tierra pública del Caño era crucial para la implementación del Plan para el Distrito y para proveer vivienda a los residentes que tenían que reubicarse por razones de espacio para los proyectos de infraestructura. Inicialmente, se calculó que los costos de todo el trabajo de dragado del caño y de rehabilitación de las comunidades aledañas ascendía a $700 millones, pero, al poco tiempo, Puerto Rico comenzó a sufrir una crisis económica y fiscal grave que ha durado más de quince años. Por lo tanto, a fin de implementar el Plan para el Distrito y disminuir los costos, era esencial que el control de todos los terrenos públicos en el Distrito de Planificación Especial se traspasara a las comunidades organizadas, y que el costo a las comunidades por adquirir la tierra fuera una cantidad insignificante. De lo contrario, los costos de completar los proyectos de infraestructura del Caño serían insostenibles.

Estas consideraciones hicieron que las comunidades organizadas del Caño decidieran no crear el Fideicomiso de la Tierra del Caño como una corporación sin fines de lucro en virtud de la Ley General de Corporaciones de Puerto Rico. En su lugar, redactaron un proyecto de ley para crear el Fideicomiso del Caño y todos los otros instrumentos necesarios para implementar el Plan para el Distrito. Entre otros propósitos de la innovadora estrategia, la promulgación de esta ley especial haría posible la transferencia gratuita de terrenos públicos al Fideicomiso de la Tierra del Caño.

La Ley 489-2004, en su forma enmendada, dio vida al Proyecto ENLACE del Caño Martín Peña como un proyecto independiente. También creó las herramientas necesarias para su implementación. La legislación creó una corporación pública: la Corporación del Proyecto ENLACE (ENLACE). A esta nueva corporación se le asignó la coordinación del dragado del Caño Martín Peña. También se encargaría de coordinar la rehabilitación o nueva construcción de infraestructura (alcantarillados pluviales y sanitarios, sistemas de agua potable), la reubicación de líneas eléctricas, calles y espacios públicos, y el traslado de familias y viviendas. Estas intervenciones se consideraron cruciales no solo para la restauración ecológica del caño, sino también para reducir el riesgo de las inundaciones con agua contaminada que afectaban a las comunidades constantemente. La Corporación ENLACE se haría cargo, además, de crear las condiciones necesarias para el desarrollo económico y social de las comunidades del Caño.

El Fideicomiso de la Tierra del Caño Martín Peña fue creado en virtud de la Ley 489-2004 como una entidad legal privada, separada de ENLACE y de cualquier otra agencia o entidad gubernamental, y tiene la autoridad legal para cumplir con sus responsabilidades. A consecuencia de esta ley, todos los terrenos públicos del Distrito Especial se transfirieron a ENLACE y luego esta corporación transfirió dichos terrenos al fideicomiso comunitario por medio de escrituras públicas.

El Fideicomiso de la Tierra del Caño Martín Peña se rige por reglamentaciones y una junta de fiduciarios diseñadas por las comunidades como resultado de un proceso de planificación participativo que duró dos años. La composición de esta junta es un tanto diferente al modelo tripartito usado por casi todos los fideicomisos comunitarios de tierras en los Estados Unidos. Las comunidades decidieron retener la mayoría de los escaños en la junta directiva, pero dejaron espacio para la representación del Gobierno y de otras partes que no son residentes del Caño. La junta de fiduciarios tiene once integrantes: cuatro son personas que viven en las tierras del fideicomiso, elegidas por sus pares; dos son residentes de las comunidades, designados por el colectivo G-8 (una coalición de organizaciones comunitarias que representa a todos los barrios del Caño); dos son expertos, seleccionados por la junta según las necesidades de la propia junta; dos son representantes de entidades gubernamentales;[8] y un representante del municipio de San Juan.

Propuesta de un marco jurídico para los fideicomisos comunitarios de tierras en Brasil

El Fideicomiso de la Tierra del Caño Martín Peña fue el punto de partida comparativo para las investigaciones de Comunidades Catalisadoras sobre cómo podría establecerse este tipo de fideicomiso en Brasil. Como han descubierto los expertos en fideicomisos comunitarios de tierras en todo el mundo, el modelo y los instrumentos desarrollados en un país deben modificarse a fin de ajustarlos a las leyes y políticas de otros países. El caso de Brasil lo confirma.

Por ejemplo, el Fideicomiso de la Tierra del Caño Martín Peña se estableció mediante un decreto legislativo en Puerto Rico y no puede usarse para fines de establecer este tipo de fideicomiso en Brasil a menos que se apruebe una ley específica. Cualquier intento de aprobar esta ley se toparía con obstáculos políticos y burocráticos. Aun así, con el tiempo, es posible que ComCat y los organizadores en las comunidades de las favelas presenten un proyecto de ley como una estrategia política para fomentar el debate sobre el tema. Propondrían un modelo que pueda garantizar la seguridad de la tenencia, así como integrar a la comunidad y potenciar sus capacidades de autogestión y negociación política.

No obstante, por el momento, se procuraría un recurso usando los instrumentos existentes en el sistema jurídico de Brasil que puedan servir de base para la implementación actual de un modelo brasileño del fideicomiso comunitario de tierras adaptado a las especificaciones y necesidades locales. ComCat desarrolló y propuso un marco jurídico que combina varios instrumentos para la creación de un fideicomiso comunitario de tierras con la aplicación específica de atender el problema de inseguridad de la tenencia de la tierra en las favelas de Río de Janeiro. El mismo tiene tres componentes que pueden trabajarse secuencialmente en diferentes etapas o de forma paralela:

▪ la adquisición de tierras y la regularización de la tenencia para los residentes de la comunidad;

▪ la institución de una entidad legal que reciba la tierra y se encargue de mantener la titularidad y administración de esta; y

▪ la separación de la tenencia de la tierra y la titularidad de edificios; los derechos de superficie regresan a los miembros de la comunidad que dirigen la entidad legal dueña de la tierra.

Adquisición y regularización de tierras. La realidad jurídica en los asentamientos informales en Río y en las favelas en todo Brasil es que muchas personas han ocupado tierras que no controlan ni poseen legalmente. En ocasiones, los terrenos ni siquiera están registrados. Si se toma en cuenta que los fideicomisos comunitarios de tierras dependen de la adquisición de la tierra para luego separar la tenencia de la tierra de la titularidad de edificios, entonces la regularización y el registro de títulos de propiedad, así como la transferencia de estos, son elementos indispensables para la implementación de un fideicomiso de esta índole. Brasil cuenta con muchos instrumentos para la regularización y transferencia de tierras. Los más importantes, en términos de abordar el problema de inseguridad de la tenencia en asentamientos informales, son la ocupación ilegítima, la concesión de uso, las donaciones, las compraventas y la legitimación de la tierra.

▪ La *ocupación ilegítima* (usucapión) es un recurso usado por poblaciones que residen en tierras privadas para obtener títulos de propiedad. El argumento básico es que los propietarios registrados no han cumplido con la función social de la propiedad en cierto tiempo estipulado por ley, durante el cual los residentes ocuparon dicha propiedad, y, como resultado de la ocupación continua a lo largo de muchos años, ahora tienen el derecho de reclamar esa tierra.

▪ La *concesión de uso* es un instrumento que usualmente aplica a terrenos públicos, donde no es posible usar el recurso de ocupación ilegítima. Se trata de un contrato administrativo que concede el uso de una propiedad durante cierto periodo. En general, con el fin de proveer un instrumento seguro, las concesiones tienen un término de noventa y nueve años, que se puede extender durante la misma cantidad de tiempo.

▪ Las *donaciones* son un instrumento mediante el cual los propietarios públicos y privados donan sus tierras a las personas de bajos ingresos que residen allí.

▪ Las *compraventas* requieren una aportación financiera de los residentes.

▪ La *legitimación de la tierra* es un nuevo instrumento provisto por la Ley 13.465 (2017), que se pretendía convertir en el instrumento principal de regularización de la tenencia de tierras en Brasil. Puede aplicarse en el ámbito público y privado, y busca garantizar la propiedad pública para los residentes de ocupaciones informales, sean de ingresos bajos o no.

La institución de una entidad legal. Con estos instrumentos, una vez se regulariza el título de propiedad y están las condiciones para transferir la titularidad del terreno a un fideicomiso comunitario de tierras, tiene que haber una entidad legal que constituya el fideicomiso, reciba la titularidad de la tierra y se encargue de administrarla durante muchos años. Esta entidad puede tomar varias formas (p. ej., asociación, condominio, etc.) según el sistema jurídico de Brasil. Se analizarán los casos individualmente para decidir cuál es el mejor formato en cada situación. El análisis de ComCat recomienda que cada fideicomiso comunitario de tierras se establezca como una entidad legal sin fines de lucro con el doble objetivo de mantener y administrar terrenos en nombre de una favela en particular, y de preservar su asequibilidad para los residentes de bajos ingresos.

Separación de la tenencia de la tierra y la titularidad de edificios. Pasadas estas etapas, hay que separar la tenencia de la tierra subyacente y la titularidad de cualquier edificio que existiera en los terrenos antes de que el fideicomiso los adquiera, y, por lo general, la titularidad futura de los edificios que allí se construyan debe separarse de la tenencia de la tierra subyacente. (La entidad legal propietaria de la tierra, es decir, el fideicomiso comunitario de tierras, tiene que, a su vez, operar bajo el control de las personas que viven en la tierra.) El sistema jurídico de Brasil tiene varios instrumentos disponibles relacionados con la separación de la propiedad. Según el análisis de ComCat, el más adecuado sería la escritura de derecho de superficie; un recurso similar al que usa el Fideicomiso del Caño en Puerto Rico.

Con la separación de la propiedad, se implementarían los tres componentes de la constitución legal de un fideicomiso comunitario de tierras brasileño. La creación de cada componente dependerá, entonces, de los objetivos y necesidades de las comunidades que construyen el modelo. Lo que aquí exponemos es solo el marco jurídico básico, que ofrece varias opciones adecuadas para atender las diversas necesidades que se presentarán en la práctica.

Al finalizar esta secuencia jurídica, el fideicomiso comunitario de tierras podrá aplicar todo su potencial en el territorio que ha elegido servir. Basado en un modelo de gestión colectiva diseñado por la comunidad según sus necesidades y especificidades, el fideicomiso comunitario de tierras tendrá la capacidad de reconocer las realidades locales y de fortalecer los bienes de la comunidad mientras propulsa mejoras territoriales.

Esta metodología exime a toda implementación de un fideicomiso comunitario de la necesidad de esperar por la aprobación de leyes habilitadoras, lo que podría tomar años a causa del inestable panorama político en Brasil. Dicho esto, se debe continuar la lucha para aprobar legislación habilitadora pertinente a los fideicomisos comunitarios de tierras a la vez que se aplican los instrumentos existentes descritos previamente, pues el apoyo legislativo podría facilitar, apoyar e impulsar los esfuerzos para establecer estos fideicomisos en las favelas.[9]

Una cantidad cada vez mayor de líderes de las favelas, organizaciones no gubernamentales, expertos, académicos y servidores públicos de los campos de planificación urbana y titularidad de la tierra en Río ven los fideicomisos comunitarios de tierras como una *ferramenta de costura* (herramienta de costura) que integra y aborda diversas conclusiones a las que llegaron los residentes y sus partidarios, por separado, a lo largo de los años como resultado de su trabajo para atender el problema de la informalidad de la tenencia de la tierra. Los fideicomisos comunitarios de tierras sientan las bases para:

- asegurar la función social de la tierra;

- comprender la necesidad de regularizar la tenencia de la tierra;

- respetar la tipología y la autogestión inherentes a las favelas;

- promover y preservar la vivienda asequible;

- respetar el sentido de pertenencia de las personas y la profunda preocupación que sienten por su permanencia (en lugar de ver las viviendas como una "inversión especulativa");

- reconocer la importancia de los procesos de planificación participativos y controlados por la comunidad;

- garantizar la reordenación de la comunidad para brindar servicios de conformidad con una filosofía de "no hacer daño"; e

- incluir expertos técnicos que apoyen la planificación comunitaria en lugar de imponer modelos verticales.

III. RECOMENDACIONES AL CONSIDERAR LOS FIDEICOMISOS COMUNITARIOS DE TIERRAS COMO UNA POSIBLE ESTRATEGIA PARA REGULARIZAR LA TIERRA Y PROTEGER LAS VIVIENDAS EN ASENTAMIENTOS INFORMALES

El proyecto de investigación colaborativo realizado por ComCat y el Fideicomiso de la Tierra del Caño Martín Peña incluyó intercambios entre los líderes comunitarios y el personal del Fideicomiso del Caño, y despertó el interés de profesionales y de las comunidades de las favelas durante cinco días en Río de Janeiro en agosto de 2018. A raíz de esa colaboración, ofrecemos guías y recomendaciones tentativas a otras comunidades que podrían estar interesadas en implementar una estrategia similar en su territorio.

Cabe señalar que cada comunidad es diferente y, por consiguiente, cada fideicomiso también lo será. No hay una receta universal para crear un fideicomiso comunitario de tierras. Las comunidades diseñan los estatutos, políticas, prioridades y procedimientos internos que definirán el fideicomiso; estos serán distintos de un caso a otro, pues se determinan según las particularidades, circunstancias y necesidades de cada comunidad. Además, cabe destacar que un fideicomiso comunitario de tierras diseñado con el fin de abordar los obstáculos para regularizar la tenencia de la tierra en asentamientos informales estará organizado y operará de forma diferente a un fideicomiso recién creado para proveer nuevas viviendas en barrios donde la titularidad de la tierra ya se ha formalizado. De hecho, nuestras recomendaciones están dirigidas a barrios como las favelas de Brasil, donde las personas han ocupado, durante años, tierras que no les pertenecen y que no están bajo su control. Los activistas interesados en crear un fideicomiso comunitario de tierras en estos asentamientos deben hacerse dos preguntas: ¿Cuáles son las *condiciones* que deben estar presentes para que un fideicomiso comunitario de tierras sea factible en un asentamiento informal, y cuál es el *proceso* que los organizadores deben seguir para hacerlo realidad?

Condiciones: ¿Dónde podría ser factible el establecimiento de un fideicomiso comunitario de tierras en un asentamiento informal?

Los líderes y activistas comunitarios, los funcionarios públicos y otras partes interesadas en el desarrollo de fideicomisos comunitarios de tierras deben reconocer la posibilidad de que estos fideicomisos no funcionen en todas las comunidades. De modo que un fideicomiso comunitario de tierras se considere como una posible estrategia para atender la necesidad de regularizar y rehabilitar las favelas de Río de Janeiro (o los asentamientos

Fig. 3.5. La delegación del Caño Martín Peña visitando la favela Barrinha, agosto de 2018.
COMUNIDADES CATALISADORAS

informales de muchos otros países), las siguientes condiciones tienen que estar presentes:

- las comunidades consolidadas están ubicadas en tierras donde los residentes perciben una amenaza o viven una realidad de gentrificación, desalojo forzoso o cualquier tipo de desplazamiento involuntario provocado por el hombre;

- un gran porcentaje de las familias no tienen títulos de propiedad y quieren solucionar el problema de inseguridad de la tenencia de la tierra;

- hay una posible vía para adquirir títulos de propiedad de la tierra;

- los residentes tienen un fuerte sentido de pertenencia y el deseo de permanecer en su comunidad; y

- existe un proceso sólido de organización comunitaria con el apoyo de organizaciones que están listas para acompañar a la comunidad y que pueden brindar asistencia técnica.

Hasta la fecha, la experiencia de Puerto Rico y las discusiones en Brasil revelan otras condiciones que pueden ser cruciales en el proceso de establecer un fideicomiso comunitario de tierras en asentamientos informales. Estas incluyen:

1. Una comunidad organizada con un liderazgo maduro que fomente la participación horizontal, la integración de nuevos líderes y la toma de decisiones entre todos los sectores, y que esté dispuesta a asumir nuevas responsabilidades y mantener su compromiso mientras dure la comunidad.

2. Organizaciones que brinden apoyo y aliados técnicos que estén dispuestos a: (a) apoyar a la comunidad en el fortalecimiento de un proceso organizativo y, de ser necesario, facilitar y fomentar las conversaciones difíciles que garanticen a la comunidad el control del proceso participativo de planificación, acción y reflexión continua, necesario para elegir e implementar un fideicomiso comunitario de tierras; (b) entablar diálogos con los residentes con el fin de brindarles información útil para la toma de decisiones; los aliados técnicos deben estar dispuestos a escuchar y aprender de los residentes, y a compartir su conocimiento; y (c) ayudar a fortalecer y complementar los recursos comunitarios y económicos requeridos para cumplir con el plan de desarrollo de la comunidad.

3. La planificación comunitaria es primordial. Los fideicomisos comunitarios que se han diseñado para regularizar la tenencia de la tierra tienen que nacer de los deseos y peticiones de los residentes, y desarrollarse a partir de estos. Las comunidades deben unirse para evaluar sus opciones y tomar la decisión activa de adoptar un fideicomiso comunitario de tierras, y el mismo debe proveer una vía para abordar sus necesidades evidentes. Además, los residentes deben comprender a cabalidad que algún tipo de

titularidad colectiva (o comunitaria) de la tierra es la mejor opción para satisfacer sus necesidades y les permitirá lograr sus objetivos de desarrollo social y económico.

4. Las comunidades tienen un fuerte sentido de pertenencia. Los líderes del Caño demostraron claramente que los residentes con un fuerte sentido de pertenencia son los que más apoyan su propio fideicomiso comunitario de tierras, sin mencionar que el proceso de crear este fideicomiso puede fortalecer y estimular el orgullo por la comunidad y un fuerte sentido histórico.

5. Una entidad legal controlada por la comunidad, que pueda adquirir los derechos de propiedad de la tierra como medio de propiedad colectiva o comunitaria, junto con los mecanismos necesarios para concretar la transferencia.

Estas cinco condiciones son clave para un fideicomiso comunitario de tierras exitoso, pero no todas tienen que estar presentes al momento de considerar su creación. De hecho, algunas se dan durante el proceso de movilización y reflexión que lleva a la decisión de continuar trabajando para establecer este instrumento. La iniciativa comunitaria con amplia participación de los residentes, tanto en el diseño del instrumento como en la definición de objetivos, es un elemento que siempre se debe enfatizar y observar durante la creación y aplicación de un fideicomiso comunitario de tierras en un asentamiento informal.

Proceso: ¿Cómo pueden los residentes comenzar el proceso para establecer un fideicomiso comunitario de tierras en un asentamiento informal?

Como resultado de los intercambios entre los líderes comunitarios y el personal del Fideicomiso de la Tierra del Caño Martín Peña y otras comunidades de las favelas y profesionales interesados, se hicieron recomendaciones sobre los pasos que deben seguirse al considerar la creación de un nuevo fideicomiso comunitario de tierras en un asentamiento informal.

Comenzar un proceso de planificación, acción y reflexión comunitaria. Antes que nada, los residentes tienen que decidir si un fideicomiso comunitario de tierras es el mecanismo adecuado para regularizar la tenencia de la tierra en su comunidad. Es crucial seguir un proceso exhaustivo de planificación que cuente con la participación activa y continua de los residentes para tomar decisiones informadas sobre el tipo de titularidad de la tierra que mejor atenderá sus necesidades; si se determina que este tipo de fideicomiso es el mecanismo correcto, también es clave definir cómo se establecerá y se administrará la tierra como un bien colectivo para materializar la visión de la comunidad. *Un fideicomiso comunitario de tierras no es un fin en sí, sino un instrumento para lograr los objetivos de la comunidad.*

Los residentes del Caño participaron en un proceso de planificación, acción y reflexión, en el cual, por medio de acciones concretas, podían obtener victorias a corto plazo para mantener el compromiso de la comunidad, reflexionar sobre sus acciones continuamente, aprender de estas y obtener información para su proceso de planificación. Los residentes y líderes comunitarios, así como otras organizaciones comunitarias, agencias gubernamentales y organizaciones no gubernamentales pueden comenzar el proceso. Sin embargo, en todos los casos, los aliados técnicos que ofrecen apoyo tienen que reconocer que su función es ayudar a crear las condiciones para que los residentes fortalezcan sus organizaciones, tomen control del proceso y participen eficazmente. Otras recomendaciones para este proceso participativo incluyen:

- Comenzar a pequeña escala. Partir de lo simple a lo complejo. Los eventos deportivos o culturales pueden ser útiles como método de movilización.

- Involucrar a los residentes de la comunidad que inspiran confianza en los demás.

- Organizar eventos para que los residentes piensen sobre su comunidad ideal y definan lo que quieren para su barrio.

- Desarrollar y usar técnicas educativas, como teatro callejero, paquines y vídeos, entre otras, e involucrar a los jóvenes en su diseño y como comunicadores.

- Recordar que siempre parece imposible hasta que se logra.

Creación de estructuras, políticas y procedimientos de los fideicomisos comunitarios de tierras. Si se determina que un fideicomiso comunitario de tierras es el mecanismo adecuado para satisfacer las necesidades de la comunidad, los residentes tienen que decidir cómo funcionará. Los estatutos, las políticas y las actividades de cada fideicomiso serán un tanto diferentes. Los residentes tienen que formular cuál será la forma y función de su fideicomiso comunitario de tierras; este arreglo puede cambiar con el tiempo según cambien las condiciones o contextos. Como referencia, se pueden consultar las estructuras organizativas y las prioridades operativas de otros fideicomisos comunitarios de tierras. (Por ejemplo, véanse los reglamentos y normas del Fideicomiso del Caño en su Reglamento General para el Funcionamiento del Fideicomiso de la Tierra del Caño Martín Peña, 2008).

Asistencia técnica de profesionales. Las organizaciones no gubernamentales, las universidades y el Gobierno serán necesarios para apoyar a los residentes con sus objetivos. Los profesionales (trabajadores sociales, planificadores urbanos, arquitectos, ingenieros, abogados) deben apoyar el proceso, no dirigirlo. Ellos no tienen las respuestas a las preguntas, pues el conocimiento reside en la comunidad. Más bien, pueden ayudar a ampliar las posibilidades. Los trabajadores sociales y organizadores comunitarios que acompañan a la comunidad pueden facilitar discusiones, buscar formas alternativas para involucrar a los residentes, promover el pensamiento crítico y garantizar que la participación sea productiva e inclusiva. Los planificadores pueden ayudar a la comunidad a mantener una perspectiva integral durante todo el proceso. Se debe incluir a los expertos una vez los residentes hayan definido lo que necesitan y desean. Si los expertos entran al proceso prematuramente o sin la orientación adecuada para promover un diálogo equilibrado, podrían subestimar a la comunidad, acaparar el proceso o imponer sus criterios a las comunidades.

Definir las posibilidades legales. Una vez los residentes hayan definido lo que quieren, los abogados pueden involucrarse para orientar a la comunidad sobre los instrumentos jurídicos existentes para legalizar las transformaciones. Si aún no existen ciertos recursos jurídicos, pueden crearse para satisfacer las necesidades de la comunidad, o se pueden tomar elementos de otros instrumentos jurídicos. Nuevamente, los residentes son quienes deben diseñar estos nuevos recursos jurídicos con la ayuda de abogados (no al contrario). Si se toman elementos de instrumentos jurídicos existentes, es esencial centrarse en el objetivo final y hacer ajustes en el proceso para garantizar que la comunidad pueda alcanzarlo. Por ejemplo, si los miembros de una comunidad deciden optar por la titularidad colectiva, pero su única opción legal es obtener títulos de propiedad individuales (como ocurre actualmente en Brasil con los terrenos públicos), será necesario que los residentes hayan decidido combinar sus títulos en un fideicomiso comunitario de tierras mucho antes de recibirlos y tendrán que ejecutar la decisión de inmediato. De lo contrario, la especulación puede coartar el proceso. En este caso, lo ideal es que la organización del fideicomiso se establezca con antelación y esté lista para recibir los títulos tan pronto se otorguen.

Crear estrategias. El proceso de establecer y mantener un fideicomiso comunitario de tierras requiere persistencia en su organización y en la formulación de estrategias para seleccionar aliados y determinar cómo comunicarse con terceros y cómo involucrarlos en el proceso para lograr los objetivos de asegurar la tierra, enfrentar conflictos y atraer recursos, entre otros. Para desarrollar un camino exitoso hacia el futuro, es de suma importancia hacer un alto y reflexionar sobre los obstáculos y las oportunidades dentro y fuera de la comunidad.

—

Los fideicomisos comunitarios de tierras siempre son únicos. El Fideicomiso de la Tierra del Caño tomó algunos elementos de otros fideicomisos, pero los residentes y sus aliados crearon muchos nuevos elementos desde cero con el fin de atender las necesidades de su comunidad y encontrar maneras para hacer que su fideicomiso funcione adecuadamente en su propio contexto. Sin duda, los fideicomisos comunitarios de tierras en Brasil tomarán una nueva forma y serán diferentes de una comunidad a otra, en función de los objetivos de los residentes y de las circunstancias de cada comunidad.

Sin embargo, es de vital importancia que nunca se celebren discusiones sobre la comunidad, incluidas las relacionadas con la creación de un fideicomiso comunitario de tierras, sin que la comunidad esté presente. Como a menudo dicen los organizadores de asentamientos informales desde Johannesburgo hasta Río: "No hay nada para nosotros sin nosotros".

Al momento de redactar este ensayo, se ha formado un grupo de trabajo compuesto por 154 líderes comunitarios y aliados técnicos en Río de Janeiro para apoyar el desarrollo de fideicomisos piloto en dos comunidades que cumplen con las condiciones descritas previamente: las comunidades Trapicheiros y Esperança. Este grupo de trabajo también está desarrollando propuestas legislativas habilitadoras y material divulgativo para compartir el modelo con otras comunidades. Las comunidades Trapicheiros y Esperança han iniciado el proceso para establecer su propio fideicomiso comunitario de tierras y, en la actualidad, celebran eventos sociales y talleres comunitarios frecuentes que involucran a los residentes en un proceso de planificación participativo hacia la creación de un fideicomiso comunitario de tierras.

El grupo se formó tras la visita de una delegación de cinco organizadores del Fideicomiso de la Tierra del Caño Martín Peña, quienes viajaron a Río en agosto de 2018 para compartir su historia. Se trata de un grupo de múltiples aliados en toda la ciudad, incluidos líderes de más de veinte comunidades, agentes (del Estado) de derechos de la tierra, planificadores y abogados de las universidades públicas, abogados de oficio y organizaciones no gubernamentales, entre otros. Algunos viajaron a Puerto Rico en mayo de 2019 para participar de un intercambio entre pares organizado por las comunidades del Caño Martín Peña. Algunos líderes comunitarios y sus organizaciones de apoyo de Argentina, Bangladesh, Barbuda, Belice, Bolivia, Brasil, Chile, Ecuador, Jamaica, Líbano, México, Perú, Sudáfrica y los Estados Unidos fueron a San Juan para conocer más sobre el Fideicomiso de la Tierra del Caño.

Se están sembrando las semillas para el nacimiento de nuevos fideicomisos comunitarios de tierras en todo el mundo. ¡Continuará!

Notas

1. El estudio fue financiado por el programa para América Latina del Lincoln Institute of Land Policy.

2. Aquí nos centramos en la ocupación informal de la tierra como un fenómeno urbano. Sin embargo, en todo el mundo también hay millones de acres de tierra rural ocupadas por personas sin títulos de propiedad, quienes utilizan estas tierras para construir viviendas, practicar la agricultura o el pastoreo, y obtener madera.

3. En los últimos años, doce favelas han abierto museos que documentan su historia. El movimiento de la museología social está creciendo.

4. La Ley de Tierras de 1850 estableció la compraventa como un método de adquisición de tierras en Brasil y deshizo el modelo anterior que reconocía la ocupación eficaz de un territorio como un criterio de adquisición. Además, preveía un sistema de registro de tierras dirigido a la regularización formal del territorio nacional, pero no se aplicó en la práctica.

5. Los habitantes originales construyeron sus propios hogares. Con el tiempo, a medida que la gente avanzaba, se vendían casas usando documentos informales o contratos privados que establecían claramente que el comprador adquiría la casa solamente, pero no así la tierra. Casi todos esos documentos indicaban que los terrenos eran públicos. No obstante, no se registró ningún documento, lo que impedía que los compradores tuvieran acceso al crédito hipotecario.

6. Desde una perspectiva procesal, el Caño Martín Peña optó por una escritura de derechos de superficie, en lugar del arrendamiento de los terrenos, para regularizar el uso de la tierra y garantizar y registrar la titularidad de la vivienda de las familias. Sin embargo, se puede usar un contrato de arrendamiento de la tierra para otros propietarios, como negocios u otras organizaciones establecidas en las tierras del fideicomiso.

7. Esta corporación gubernamental se creó con una cláusula de caducidad. Se prevé un cese de actividades al cabo de veinticinco años.

8. Uno de ellos debe ser miembro de la Junta Directiva de la Corporación del Proyecto ENLACE.

9. En efecto, hay dos posibles formas legales de facilitar la formación de un fideicomiso comunitario de tierras en asentamientos informales: (1) aprobar una ley específica que detalle la aplicación del fideicomiso y establezca los instrumentos jurídicos necesarios para ponerlo en marcha; o (2) usar los instrumentos que existen en el sistema y combinarlos para la creación y el funcionamiento del fideicomiso comunitario de tierras.

Bibliografía

Algoed, L., A. Cotté Morales, T. Fidalgo Ribeiro, M.E. Hernández Torrales, L. Rodríguez Del Valle y T. Williamson, (2020, en prensa) Community Land Trusts and Informal Settlements: Assessing the feasibility of CLT instruments developed by the Caño Martin Peña communities in Puerto Rico for Favelas in Rio de Janeiro, Brazil. Documento de trabajo. Cambridge: Lincoln Institute of Land Policy.

Algoed, L., M.E. Hernández Torrales y L. Rodríguez Del Valle (2018) El Fideicomiso de la Tierra del Caño Martín Peña: Instrumento Notable de Regularización de Suelo en Asentamientos Informales, Documento de trabajo. Cambridge: Lincoln Institute of Land Policy.

Corporación del Proyecto ENLACE del Caño Martín Peña (2008) Reglamento general para el funcionamiento del Fideicomiso de la Tierra, Núm. 7587. San Juan: Departamento de Estado.

Children Win (2016) *Juegos Olímpicos de Río 2016: The Exclusion Games Dossier. https://www. childrenwin.org/wp-content/uploads/2015/12/DossieComiteRio2015_ENG_web_ok_ low.pdf*

Ministério das Cidades. Regularização Fundiária Urbana—Lei 13.465/17. Accedido el 12 de marzo de 2019. *http://www.cohab.mg.gov.br/wp-content/uploads/2017/11/Reurb-out.. pdf*

Osborne, C. (2013) "A History of Favela Upgrades Part III: Morar Carioca in Visio and Practice (2008–2013)." *RioOnWatch,* 2 de abril. *https://www.rioonwatch.org/?p=8136*

Robertson, D. y T. Williamson (2017) "The Favela as a Community Land Trust: A Solution to Eviction and Gentrification?" *Progressive City.* 2 de mayo. *https://catcomm.org/law-clt/*

Soares, G. R. (2009) "Repensar a regularização fundiária como política de integração socio-espacial." *Estudos Avançados* Vol. 23 Núm. 66. *http://www.scielo.br/scielo.php?script= sci_arttext&pid=S0103-40142009000200017*

Timerman, J. (2013) "Is a Favela Still a Favela Once It Starts Gentrifying?" *CityLab,* 2 de diciembre. *https://www.citylab.com/equity/2013/12/favela-still-favela-once-it-starts-*gentrifying/7726/

Williamson, T. (2015) "A new threat to favelas: gentrification." *Architectural Review,* 30 de mayo. *https://www.architectural-review.com/opinion/a-new-threat-to-favelas-gentrifica-tion/8682967.article*

Williamson, T. (2018) "Community Land Trusts in Rio's Favelas: Could Community Land Trusts in Informal Settlements Help Solve the World's Affordable Housing Crisis?" *Land Lines,* 31 de julio. *https://www.lincolninst.edu/sites/default/files/pubfiles/land-lines-july-2018-full_2.pdf*

Williamson, T. (2019, en prensa) "Favela vs. Asphalt: Suggesting a New Lens on Rio de Janeiro's Favelas and Formal City," *Comparative Approaches To Informal Housing Around The Globe,* edited by Udo Grashoff. London: UCL Press.

Williamson, T. (2019, en prensa) "Proporcionar seguridad de tenencia para los actuales habitantes del barrio," *Barrio 31,* los inicios de una operación transformadora, edited by Agustina Gonzalez Cid. Washington, DC: Inter-American Development Bank.

Williamson, T. (2017) "Rio's Favelas: The Power of Informal Urbanism." *Perspecta 50: Urban Divides,* M. McAllister and M. Sabbagh (editors). Cambridge: MIT Press.

Williamson, T. (2019) "The Favela Community Land Trust: A Sustainable Housing Model for the Global South," *Critical Care: Architecture and Urbanism for a Broken Planet*, Angelika Fitz and Elke Krasny (editors). Cambridge: MIT Press.

4.

La creación de un fideicomiso de tierras en una cuenca hidrográfica de Honduras

perfil de la Fundación Eco Verde Sostenible

Kirby White y Nola White

La organización hondureña sin fines de lucro conocida como FECOVESO (Fundación Eco Verde Sostenible) sirve a comunidades rurales en el noroeste de Honduras. La asistencia económica para ofrecer sus servicios proviene de una organización benéfica sin fines de lucro en Estados Unidos, denominada Honduras Community Support Corporation [Corporación de Apoyo Comunitario en Honduras]. La Fundación Eco Verde Sostenible es un fideicomiso comunitario de tierras especializado, que adquiere y mantiene parcelas circundantes a las fuentes de agua de los sistemas de abasto que funcionan por gravedad y sirven a pequeñas comunidades de la región montañosa. Esta organización también funciona como vehículo de financiamiento para diversos proyectos de desarrollo comunitario en estas y otras comunidades pequeñas de la región.

TRASFONDO

Los orígenes de la FECOVESO datan de principios de la década de los años noventa, cuando Nola White, voluntaria del Cuerpo de Paz, fue enviada a Honduras para ayudar con el desarrollo de sistemas de abastecimiento de agua por gravedad en comunidades ubicadas en las montañas del noroeste. Hasta entonces, el agua para los hogares del área se transportaba desde arroyos cercanos, usualmente en recipientes grandes que las mujeres cargaban sobre la cabeza. El Cuerpo de Paz y el Gobierno hondureño proporcionaron materiales y asistencia técnica para construir estos sistemas. Los miembros de las comunidades aportaron la mano de obra. La función de Nola consistía en iniciar, organizar y apoyar estos proyectos en múltiples comunidades. Estaba excepcionalmente calificada para ello por sus habilidades sociales y su experiencia previa como organizadora comunitaria en los Estados Unidos.

75

Al cabo de tres años de trabajo con el Cuerpo de Paz, Nola había cultivado muchas amistades en Honduras. Durante los años subsiguientes, regresó en varias ocasiones para visitar las comunidades donde había trabajado, así como otras comunidades cercanas. Sin embargo, no se trataba de visitas sociales solamente; Nola se involucró cada vez más en apoyar diferentes proyectos de desarrollo comunitario en los lugares que visitaba adquiriendo cuencas hidrográficas, mejorando los sistemas de agua y construyendo escuelas. La conocían como "la gringa que regresó".

Pronto quedó en evidencia que estos proyectos necesitaban financiamiento que no podría conseguirse en Honduras, por lo que reclutó a amigos y familiares con el fin de establecer una organización sin fines de lucro en los Estados Unidos que sirviera como vehículo para recaudar los fondos. En el año 2002, se fundó la Honduras Community Support Corporation (HCSC). Nola trabajó con líderes comunitarios y otras personas en Honduras para establecer una segunda organización sin fines de lucro: la Fundación Eco Verde Sostenible. La doble misión de esta organización hondureña era administrar y asignar los fondos recibidos por la HCSC, y funcionar como un fideicomiso regional de tierras que proteja las fuentes de agua y las cuencas hidrográficas de las que dependían los sistemas de abastecimiento de agua.

LA REGIÓN Y SUS COMUNIDADES

La Fundación Eco Verde Sostenible sirve a una región montañosa que se extiende cerca de 60 kilómetros de norte a sur, y 60 kilómetros de este a oeste. Al norte está delimitada por el Mar Caribe, al oeste por la frontera con Guatemala, al este por la carretera entre la ciudad portuaria de Puerto Cortés y la ciudad industrial de San Pedro Sula, ubicada en el interior del país, y al sur (aproximadamente) por la cuenca hidrográfica entre las laderas al norte y el sur de la cordillera. Salvo por los confines de la carretera costera y de la carretera Puerto Cortés en San Pedro, toda la región está excluida del sistema eléctrico del país. Tampoco tiene carreteras, excepto por algunos caminos semitransitables en vehículos todoterreno, pero usados principalmente por personas que viajan a pie, a caballo o en mula.

Según los estándares modernos de los países del norte global, las personas que viven en las pequeñas comunidades de esta región rural en Honduras serían vistas como "desfavorecidas" y extremadamente "pobres". Viven como han vivido innumerables generaciones en estas montañas: sin vehículos de motor ni electricidad, y, por lo general, sin dinero. Sin embargo, en algunos aspectos importantes, están mucho mejor que la mayoría de los habitantes de las ciudades hondureñas, quienes viven ante la amenaza, en mayor o menor grado, de la inseguridad física, la violencia, el desplazamiento y una posible hambruna.

Puede que las circunstancias de las personas en las montañas parezcan no ofrecer muchos beneficios. Es decir, las casas están alejadas entre sí, no hay un trazado de calles reconocible, no hay tiendas (el trayecto a la tienda más cercana toma un día a pie), y

Fig. 4.1. Zona montañosa de Honduras. SUSAN ALANCRAIG

no cuentan con servicios médicos regulares (llegar caminando a la clínica más cercana también toma un día). Ahora bien, estas personas sí cuentan con seguridad, conexiones y la tranquilidad de vivir en comunidades genuinas. Conocen a todos sus vecinos y a los parientes de sus vecinos, y saben cómo se interrelacionan las diferentes familias extendidas de la comunidad. (La FECOVESO trabajó con una comunidad llamada *Los Mejías — Mejía,* que es el apellido de la mayoría de las personas en la comunidad.) Como residente de este tipo de comunidad, es posible que no le agraden todos sus vecinos y parientes, pero es poco probable que les tema. Y si alguien necesita ayuda, seguramente la comunidad hará lo que está en sus manos para ayudar. Estas comunidades disfrutan de verdadera seguridad.

También hay seguridad en el tipo de titularidad de vivienda que tienen, si bien son muy pocos los residentes que cuentan con lo que otras personas reconocen como un título de propiedad seguro sobre su hogar. En algunos casos, sus derechos de propiedad se basan únicamente en la palabra de los vecinos que pueden constatar que "esa familia siempre ha vivido ahí". En otros casos, puede que tengan un registro escrito de la propiedad que han comprado; el equivalente a una escritura de pago y relevo en finiquito, en lo que probablemente sea una larga cadena de escrituras de este tipo que no se han registrado. Si una persona con mayor poder adquisitivo tuviera motivos económicos para desalojarlos legalmente, sería muy fácil hacerlo, pero rara vez esto ocurre.

Las viviendas de los habitantes de la zona montañosa son primitivas según los estándares convencionales. Algunas son bajareques tradicionales (estructuras de lodo y palos) con techos de paja. Otras fueron construidas con tablones de madera local cosechada con motosierras, y techadas con planchas de metal. La mayoría de los hogares tienen pisos de tierra compactada. Se cocina en estufas de leña, que también proveen calor durante los días fríos de la temporada de lluvias, aunque el clima es relativamente templado todo el año.

Al igual que sus viviendas, la dieta de la gente de las montañas es simple y suficiente. El maíz y las legumbres son sus alimentos principales. Por lo general, el maíz para un hogar se cultiva en parcelas pequeñas de aproximadamente un acre (a veces a cierta distancia de la vivienda) y las legumbres, en huertos caseros. Todos los cultivos se hacen usando azadas. Cuando cosechan el maíz, suelen almacenar las mazorcas con la cáscara seca en estantes elevados del área de la cocina que la estufa mantiene seca; así están listas para despinocharlas y desgranarlas según sea necesario. Es probable que sea una mujer quien desgrane el maíz, sentada a la puerta de la cocina con una sartén en su regazo y, usualmente, con las gallinas del huerto reunidas a su alrededor para comerse los granos que caigan fuera. Luego se muelen los granos con un molinillo manual; por lo general, esta tarea se asigna a los niños de la casa. Rara vez consumen carne. Pero hay muchos tipos de frutas, incluidas frutas cítricas, guineos o bananos, aguacates, mangos, papayas, cocos y más, que pueden cultivarse en el jardín casero o cosecharse donde nacen silvestres. Siempre hay niños que saben dónde nacen los frutos silvestres y están listos para trepar árboles y recoger los que estén maduros.

Esta forma de vida permanece como ha sido durante muchas generaciones. Lo único nuevo, para las personas más afortunadas en estas comunidades remotas, es que ahora el agua se transporta directamente a las casas. Este beneficio es posible gracias a los sistemas de abastecimiento de agua por gravedad, que recogen agua de pequeños arroyos embalsados para crear estanques de agua a la mayor altura posible en la cuenca.

LA FUNDACIÓN ECO VERDE SOSTENIBLE COMO UN FIDEICOMISO DE TIERRAS

La mayoría de los fondos que la FECOVESO recibe de la HCSC se han utilizado para comprar las tierras de la cuenca hidrográfica que están alrededor de las fuentes de agua de estas comunidades. El control de estas tierras es crucial porque, usualmente, las parcelas más grandes son propiedad de personas que no residen allí y cuya intención es usar los terrenos con propósitos comerciales (pastoreo de ganado y tala de árboles) que no benefician a las personas que viven cerca. Aún así, las leyes de Honduras otorgan a las comunidades locales el derecho colectivo de extraer agua de manantiales o arroyos ubicados en terrenos privados. Sin embargo, es casi imposible que estas comunidades puedan proteger la calidad del agua contra los efectos contaminantes de la tala y el pastoreo si no tienen control sobre la cuenca hidrográfica circundante, que incluye no solo el estanque cercano para transportar el agua, sino también las áreas más distantes de donde

> Hay razones prácticas para otorgar la titularidad de las tierras de la cuenca a una entidad administradora regional.

Fig. 4.2. Water source for a mountain village, Honduras. SUSAN ALANCRAIG

esta proviene. Para tener este control, los terrenos en cuestión deben ser propiedad (en términos legalmente vinculantes) de las comunidades o de una entidad administradora confiable que mantenga la propiedad y proteja el agua en nombre de las comunidades.

La titularidad directa y colectiva de las comunidades no se considera práctica en la mayoría de los casos, pues son muy pequeñas y casi nunca están incorporadas, por lo que no pueden ser titulares de bienes raíces. Incluso si una comunidad se ha incorporado, como es el caso de algunas que lo han hecho con la ayuda de la FECOVESO, hay razones prácticas para otorgar la titularidad de las tierras de la cuenca a una entidad administradora regional en lugar de ceder su titularidad y administración a una comunidad bien pequeña que tendrá que regirse por una junta de supervisores (patronato) sujeta a todas las complicaciones de la política del país.

Los fundadores de la Fundación Eco Verde Sostenible consideraron la posibilidad de la titularidad directa de la comunidad, pero rápidamente decidieron optar por adjudicarla a una organización regional. También consideraron la posibilidad de permitir otros usos de los terrenos de la FECOVESO, siempre y cuando no interfirieran con la protección de la cuenca hidrográfica. No obstante, una vez más, decidieron no involucrar a la organización en el complejo proceso de determinar qué interfería (o no) con la protección de la cuenca en un lugar en particular. Por lo tanto, como fideicomiso de tierras, la FECOVESO tiene un solo propósito muy específico: proteger las cuencas hidrográficas de las que dependen las comunidades para abastecerse de agua.

Hasta la fecha de este escrito, la Fundación Eco Verde Sostenible ha adquirido y posee diecisiete parcelas, para un total de 376 acres, en cuencas hidrográficas que alimentan quince sistemas de abasto de agua. (Algunos sistemas sirven a varias comunidades.) La organización también ha apoyado la reforestación en algunas de las cuencas y ha comprado materiales para construir cercas con el fin de proteger las parcelas abiertas. Los miembros de las comunidades que se benefician del sistema de agua son quienes realizan los trabajos de cercado y reforestación, aunque, en una de las cuencas, mucho del trabajo de reforestación fue realizado por personal de una base naval hondureña en las cercanías.

LA FUNDACIÓN ECO VERDE SOSTENIBLE COMO
UNA ORGANIZACION DE DESARROLLO COMUNITARIO

Los proyectos de desarrollo comunitario realizados por la FECOVESO incluyen la construcción de nuevos sistemas de agua, así como la expansión y reparación de los sistemas existentes. (El Cuerpo de Paz de los EE. UU. ya no hace este trabajo en Honduras.) Otros proyectos significativos de desarrollo comunitario incluyen la construcción, ampliación y reparación de escuelas. Estos edificios son importantes para las comunidades por la educación elemental que proveen y porque sirven como centros comunitarios donde pueden reunirse. La FECOVESO ha proporcionado materiales para construir o ampliar doce escuelas, y para la recuperación de otras diecinueve. También ha provisto escritorios o los materiales para construirlos en seis escuelas. Además, ha ayudado a algunas comunidades a construir o mejorar instalaciones médicas básicas, a construir pasarelas sobre arroyos y, en algunos casos, a mejorar las carreteras de las montañas para que los vehículos todoterreno puedan entregar materiales a las comunidades remotas.

> Son los miembros de la comunidad quienes deben identificar las necesidades que hay que atender.

La naturaleza de la función de la FECOVESO en dichos proyectos está definida por tres principios importantes. En primer lugar, son los miembros de la comunidad quienes deben identificar las necesidades que hay que atender. En segundo lugar, tiene que haber prueba del apoyo de toda la comunidad en relación con el proyecto. Por último, los residentes tienen que aportar la mano de obra requerida para realizar el proyecto. (Con la excepción de trabajos que requieren el uso de equipo especial, como excavadoras, o tareas que precisen de alguna pericia específica, como la albañilería necesaria para la construcción de cisternas.) La función de la FECOVESO se limita a cubrir el costo de los materiales necesarios y a aportar el peritaje que la comunidad no tiene y no puede costear.

GOBERNANZA Y OPERACIONES DE
LA FUNDACIÓN ECO VERDE SOSTENIBLE

La Junta Directiva de la FECOVESO incluye representantes de las comunidades donde la fundación posee tierras de la cuenca, además de otras personas con experiencia legal, financiera o técnica. (La HCSC no tiene representación formal en la junta, aunque Nola White trabaja con las juntas de ambas organizaciones.) La junta rectora de la FECOVESO se reúne mensualmente en una oficina ubicada en una parcela propiedad de esta organización.

Actualmente, el personal está compuesto por dos empleados hondureños a tiempo parcial, quienes devengan salarios modestos. Nestor Lainez mantiene los registros de la organización y tiene amplia experiencia en sistemas de agua, construcción de edificios y otros asuntos prácticos. Marivel Reyes Ayala es una abogada que se ocupa de los asuntos legales y financieros de la FECOVESO, y actúa como directora ejecutiva *de facto*. Vive en una casa justo al lado de la oficina.

Las comunidades que buscan asistencia para la protección de la cuenca o para un proyecto de desarrollo comunitario deben presentar a la junta de la FECOVESO una propuesta por escrito (una solicitud) en la que se especifique la necesidad que atendería el proyecto y se detalle el costo de satisfacer la misma. Las solicitudes pasan a un comité de la junta que incluye a Nestor Laines, quien visita los sitios propuestos y evalúa los planes de construcción y presupuestos. A base del análisis de Nestor, el comité podría recomendar hacer modificaciones al proyecto propuesto para aumentar su eficacia y reducir su costo. Una vez concurran en que el proyecto cumple con los criterios de la FECOVESO, el comité presenta el proyecto ante la junta directiva en la próxima reunión mensual. Al evaluar un proyecto propuesto, la junta toma en cuenta no solo la recomendación del comité, sino también la disponibilidad de fondos en el año fiscal en curso. Durante los primeros años de la FECOVESO, la junta de la HCSC aprobó la adquisición de cuencas hidrográficas y proyectos de desarrollo comunitario. No obstante, la práctica actual ofrece a la FECOVESO "subvenciones en bloque" anuales de la HCSC. La Junta Directiva de la Fundación Eco Verde Sostenible toma todas las decisiones relacionadas con la asignación de fondos en Honduras.

A fin de apoyar proyectos más costosos (como los que implican la compra de parcelas más grandes), en ocasiones, la FECOVESO se ha asociado con otras instituciones para reunir los fondos necesarios. Particularmente, ha sido posible conseguir el apoyo de la Municipalidad de Omoa para varios proyectos. En términos de extensión geográfica y función política, esta municipalidad es el equivalente al gobierno de un condado en los EE. UU. La mayoría de las comunidades atendidas por la FECOVESO están incluidas en la jurisdicción de la Municipalidad de Omoa.

EL FUTURO DE LA FUNDACIÓN ECO VERDE SOSTENIBLE

La FECOVESO se ha convertido en una organización exitosa y sostenible. Tiene una trayectoria sólida y cuenta con el respeto de otras instituciones en Honduras. Es atendida, administrada y regida por hondureños que dirigen la organización sin la presencia *in situ* de Nola White, quien ahora tiene 81 años y ha empezado a acortar sus viajes a Honduras (antes pasaba tres o cuatro meses del año allí).

Sin embargo, en términos financieros, la FECOVESO todavía depende de la HCSC, su aliada organizacional en los Estados Unidos, para la mayor parte del financiamiento necesario para continuar el nivel de actividad actual en Honduras. La HSCS prácticamente no tiene gastos administrativos y su personal se compone de voluntarios, por lo que casi todo el dinero recaudado va directamente a apoyar los proyectos y operaciones de la FECOVESO (*http://www.hcsc-honduras.org*).

Fig. 4.3. Junta Directiva de la Fundación Eco Verde Sostenible, Honduras, 2019.

5.

Los retos de la recién llegada propiedad colectiva

Liz Alden Wily

En julio de 2018 se publicó un estudio del Instituto de Recursos Mundiales (World Resources Institute) que analiza los esfuerzos realizados por las empresas privadas para obtener títulos formales de las tierras, en comparación con las comunidades que procuran hacer lo mismo (Notas et al., 2018). Para las empresas, recibir sus títulos de propiedad era un trámite fácil y rápido, mientras que las comunidades enfrentaban procedimientos complejos y costosos. Esto no es sorprendente en absoluto, dado el intenso clima de demanda de tierras en todo el mundo, en el que "la facilidad para hacer negocios" se ha convertido en la norma. Más interesante es el hecho de que la pregunta clave ya no era si las comunidades podían registrarse como propietarias o no. El estudio simplemente dio por sentado que la respuesta a esa pregunta era afirmativa.

Esto denota que los tiempos han cambiado para los casi tres mil millones de dependientes de la tierra que adquieren y poseen terrenos por medio de sistemas de tenencia tradicionales, neotradicionales y, en tiempos más recientes, sistemas de tenencia comunitaria establecidos por el Estado. La extensión de las tierras de la comunidad global es de seis a siete mil millones de hectáreas, lo que equivale a la mitad o más de la mitad de todos los terrenos del mundo (LandMark, 2019). Menos de una quinta parte de dichas tierras está formalmente registrada, y los mapas públicos cubren menos del 15% de estas. No obstante, hoy día, las comunidades en la mayoría de los países pueden asegurar terrenos como propiedad formal, según indican los registros de tierras recopilados por los Estados. Aunque no es fácil para las comunidades llegar al punto de registro, la posibilidad está en claro contraste con la situación de hace cincuenta años.

De hecho, la fuerza de los cambios legales respecto a la tenencia colectiva de la tierra sugiere que esta será prominente en los registros de propiedad en todo el mundo para finales del siglo corriente. A la larga, la propiedad comunitaria podría representar, por hectárea, el mayor sector de tenencia de la tierra reconocida por los Estados.

De ser así, sería un logro significativo en un contexto de (muy) larga duración si

> *Las tierras de propiedad colectiva son, a su vez, propiedad material y régimen inseparable de gobernanza comunitaria de las tierras.*

tomamos en cuenta que Aristóteles y Platón debatían vehementemente los méritos relativos de la tenencia individual y comunal hace más de dos milenios (Pipes, 1999). El asunto fue aplacado por Roma un milenio más tarde (509 a.C. a 395 d.C.), cuando la ciudad Estado devino en imperio y convirtió miles de hectáreas usurpadas en *ager publicus* (tierras públicas) que el emperador podía asignar a individuos (privilegiados). En el milenio siguiente se vio cómo estas normas romanas dieron forma al derecho de propiedad y, por consiguiente, a las leyes que en efecto rigen en 195 Estados modernos hoy día. Salvo raras excepciones (notablemente la de México en la década de los años treinta), no ha sido hasta la última mitad de siglo que los Gobiernos han reconocido las tierras de propiedad comunal como algo más que una ocupación permisiva de tierras estatales o sin dueño.

Antes de proceder a explorar esta novedad, surgen algunas preguntas. En primer lugar: *¿Cuál es, exactamente, la identidad de esta emocionante y recién llegada propiedad colectiva?* Según el país y su infraestructura, se le denomina tierra comunal, colectiva, tradicional, nativa, indígena o comunitaria. Las diversas propiedades son directamente conferidas a la comunidad o mantenidas en fideicomisos por una cooperativa, una organización con fines de lucro o una entidad sin fines de lucro, como un fideicomiso comunitario de tierras, que es el tema del presente trabajo.

La característica más común es que la tenencia de la tierra tiene una base socioespacial de residentes con una identidad social de comunidad o grupo. No son corporaciones compuestas por individuos distantes o distintos que actúan en nombre de diferentes accionistas desconocidos entre sí. También es común que el grupo social posea derechos legales para tomar decisiones. Las tierras de propiedad colectiva son, a su vez, propiedad material y régimen inseparable de gobernanza comunitaria de las tierras.

Otra pregunta sería: Ya que la tierra es un recurso finito y, más allá de las regiones polares, queda muy poca que permanece sin dueño hoy día, *¿de dónde procede la supuesta abundancia de tierras colectivas?*

La respuesta es que estas tierras colectivas provienen casi en su totalidad del *ager publicus*, lo que los Gobiernos modernos definen como tierras propias bajo categorías de propiedad gubernamental, estatal, nacional, pública o similar. Miles de comunidades rurales viven en estas tierras donde sus convenios de tenencia tradicionales se ven solapados por dichas clasificaciones legales, lo que reduce a sus residentes a ser arrendatarios sin plazo determinado. Por eso es fácil desahuciarlos cuando el Estado tiene mayores ambiciones, incluida la plétora de consignaciones de gran envergadura a inversionistas extranjeros y locales. La transformación tardía de la ocupación sin tenencia de la propiedad protegida por ley es el pilar de las reformas contemporáneas a la tenencia de la tierra. Además, como veremos más adelante, la ansiedad de los Gobiernos respecto a la consecuente reducción del tamaño del *ager publicus* controlado por el Estado presenta el mayor obstáculo al reconocimiento de tierras comunitarias, más allá de las declamaciones jurídicas de que ello exista o pueda establecerse por medio de la formalización.

Una tercera pregunta sería: *¿Por qué prefieren las comunidades modernas adquirir tierras colectivamente en lugar de optar por la titulación individual?* Si generalizamos, vemos que las comunidades agrícolas, en particular, sí procuran tener derechos privados a parcelas y fincas bien establecidas dentro de los terrenos comunitarios. Sin embargo, aunque la tierra agrícola permanente se amplíe más allá del actual 11% a un 15% de las tierras globales (FAO, 2015), el recurso más grande de la mayoría de las comunidades consiste en bosques, praderas, ciénagas, zonas escarpadas y tierras áridas naturalmente colectivas. No resulta fácil ni productivo dividir estas extensiones de tierra en parcelas individuales y, donde se practica una agricultura itinerante, no todas las zonas están separadas de las fincas agrícolas. Las comunidades rehúsan perder estos recursos compartidos de tierras no agrícolas, pues son sumamente importantes para su sustento y cultura.

La costumbre de los programas de titulación de fincas en el siglo XX de acaparar como propiedad del Gobierno todas las tierras, excepto las fincas permanentes, también ha dejado un legado que las comunidades no quieren ver extendido a la individualización obligatoria de facto, en donde este sea el único medio que queda para obtener el reconocimiento de sus derechos ante el Estado. Además, las comunidades temen perder el proceso accesible, adaptable y gratuito de toma de decisiones y resolución de disputas que rige en la tenencia comunitaria. Millones de comunidades rurales han visto cómo estos derechos se transfieren a oficinas gubernamentales remotas, que son difíciles de acceder sin costo y de responsabilizar (Bruce et al., 2013) por sus acciones. Los fideicomisos estatales de tierras tradicionales han sido particularmente propensos al abuso. Actualmente, mantener la gobernanza local de los derechos de tenencia de la tierra se ha convertido en un elemento medular de los reclamos de tierras comunitarias.

> Actualmente, mantener la gobernanza local de los derechos de tenencia de la tierra se ha convertido en un elemento medular de los reclamos de tierras comunitarias.

Los mismos problemas aquejan a las comunidades en zonas fértiles cuyos dominios se componen casi en su totalidad de propiedades familiares, como es el caso de Fiyi, Gabón o los terrenos familiares en el Caribe. Incluso cuando no hay bienes colectivos sustanciales que proteger, la jurisdicción comunitaria sobre las tierras rurales sigue ofreciendo garantías sociales de derechos; continuidad de las normas sociales (como las relacionadas con la herencia de tierras); protección contra los intereses usurpadores de las élites; y solidaridad en la toma de decisiones cuando las voces individuales no prevalezcan sobre las amenazas externas. Estas inquietudes hacen eco en las zonas urbanas, como se menciona en otros ensayos de esta publicación, que analizan los fideicomisos comunitarios de tierras.

Esto ayuda a responder dos preguntas adicionales: ¿Es la propiedad colectiva pertinente al dominio rural solamente? ¿No está el dominio rural reduciéndose a causa de la urbanización?

Para abordar la segunda pregunta, primero es necesario modificar la premisa. Si bien es indiscutible que las ciudades y los pueblos dominan en términos de población, la realidad es que absorben muy poca tierra: del uno al tres por ciento mundialmente, y no se espera que esta cifra exceda del ocho al diez por ciento para finales de siglo (Mertes et al., 2015). Es cierto que tampoco se espera un crecimiento de la población rural, con la excepción de África y Asia, donde aumentarán las cifras absolutas (UN, 2018). Una parte considerable de las tierras comunitarias está en estas regiones. Además, las comunidades rurales ya enfrentan una gran demanda para la obtención de parcelas en sus tierras por parte de residentes urbanos con vínculos ancestrales a las aldeas (Jayne et al. 2016). Las distinciones clásicas entre los dominios rurales y urbanos son cada vez más imprecisas en las economías agrarias, lo que respalda los hallazgos de que muchos residentes urbanos anhelan la supervivencia de las aldeas rurales y sus tierras. Además, aunque idealmente las tierras agrícolas crecerán y se intensificarán para ayudar a alimentar a once mil millones de personas en el año 2100, incluso si dicho crecimiento se triplica para ese año, el recurso de tierra principal no será urbano ni cultivado, sino que yacerá en las miles de millones de hectáreas que son de naturaleza comunal, como bosques, praderas, humedales, montañas, etc. No es sorprendente que las comunidades sean los custodios lógicos de esas tierras. A medida que aumentan los fracasos en la conservación de los recursos y las amenazas del cambio climático, el empoderamiento formal de las comunidades como propietarias de bosques y praderas toma auge como estrategia recomendada; la mayor parte de su implementación ha ocurrido en el sector de bosques naturales (RRI, 2018).

> Existe un gran potencial desaprovechado para adoptar normas de propiedad colectiva en las zonas urbanas.

Mientras tanto, existe un gran potencial desaprovechado para adoptar normas de propiedad colectiva en zonas urbanas, sobre todo en los barrios pobres en los que vivirán 2.5 mil millones de personas en 2050, la mayoría en Asia y África. Esto se debe a que las poblaciones más pobres ocupan viviendas frágiles en parcelas demasiado pequeñas para que la titularidad individual sea una vía práctica de regularización. También son zonas donde la gobernanza comunitaria (de los barrios) evoluciona por necesidad, a fin de proveer servicios necesarios y proteger los derechos humanos. Aun cuando los habitantes de los barrios pobres tienen la oportunidad de convertir sus chabolas apiñadas en un complejo de apartamentos, la inclusión requiere cooperación y solidaridad. Este potencial urbano fue, en parte, la razón para haber indicado anteriormente que, a pesar de los obstáculos, la tenencia colectiva podría convertirse en el principal tipo de propiedad con el paso del tiempo.

¿Es esto realista? Es difícil determinarlo, pues hay otra realidad: el marco jurídico para

la propiedad colectiva puede existir ampliamente sobre papel, pero aplicarlo resulta complejo. El resto de este ensayo examina lo que establece la ley y las restricciones que ha encarado esta reforma.

DISPOSICIÓN JURÍDICA PARA LA PROPIEDAD COLECTIVA

Una comparación global de cien leyes de tierra nacionales en 2018 encontró que setenta y tres de ellas incluyen disposiciones para que las comunidades puedan adquirir terrenos como propietarios colectivos (Alden Wily, 2018). Además, dos terceras partes estipulan que las propiedades colectivas gozan de validez y vigencia legal a la par de las propiedades individuales y corporativas registradas.

Dichas disposiciones han sido más prevalentes históricamente en Latinoamérica y Oceanía y, en tiempos más recientes, en África. Donde menos están presentes es en el Oriente Medio. Algunos países de Europa nunca han eliminado la tenencia comunal de la tierra (p. ej., Suiza, Austria, Irlanda, Noruega y Suecia), y ha habido un resurgimiento reciente en países como España y Portugal, como vía lógica para proteger los bosques y las praderas contra el peligro de incendios. También ha ocurrido un renacimiento de la antes reprimida propiedad comunitaria de bosques y praderas en algunos antiguos Estados y satélites soviéticos a partir del colapso de la Unión Soviética en 1989. Algunos ejemplos son: Rumanía, donde las comunidades ahora poseen y gobiernan legalmente ochocientos bosques y praderas comunales, y Armenia, donde el nivel más local de cooperativas estatales que existían en la época soviética se han convertido en unas cuatrocientas zonas bajo propiedad y administración comunitaria.

Los tipos de propiedad social colectiva varían. En un extremo están las cooperativas modernas definidas por el Estado, según dispuestas en un millón de comunidades rurales de la China. En conjunto, estas cooperativas cubren el 49% del país, aunque el control comunitario a veces se ve frustrado por las numerosas directrices del Partido Comunista. En el otro extremo están los parlamentos que entendieron adecuado simplemente declarar, en sus constituciones nacionales o en las leyes sobre la tierra, que los terrenos de propiedad tradicional ahora se considerarán propiedad real, ya sea de individuos, familias o comunidades (todos los tipos de propiedad). Este es el caso actual en unos quince países africanos; de Kenia a Mozambique a Liberia. Otras leyes son menos generosas en cuanto al apoyo que ofrecen, como cuando no liberan del todo a las comunidades de los títulos de origen bajo posesión de los jefes tribales o Gobiernos, o cuando no ofrecen vías rápidas y económicas que permitan a las comunidades asegurar sus derechos de titularidad herméticamente. Entre estos extremos están las tenencias como los fideicomisos comunitarios de tierras, en los que los terrenos son propiedad de una organización no gubernamental de base comunitaria que adquiere, retiene y administra la propiedad inmueble en nombre de una comunidad asentada en un lugar en particular.

Miles de comunidades ya tienen títulos sobre su propiedad. Entre los ejemplos se

> Miles de comunidades ya tienen
> títulos sobre su propiedad.

encuentran el caso de China antes mencionado; las comunidades indígenas en Australia y Canadá, que, respectivamente, tienen la titularidad del 30% al 44% de la superficie de dichos países; las 32 000 comunidades indígenas y agrícolas que son dueñas del 52% de México; las 7200 comunidades indígenas y agrícolas en Perú, y el 20% de las Filipinas (aproximadamente) que está sujeto a Certificados de Título de Dominio Ancestral. Hay otros ejemplos, entre ellos Fiyi, Vanuatu, Papúa Nueva Guinea, Tanzania, Mozambique, Malawi, Mali y Uganda, donde la titulación no es obligatoria. En teoría, la propiedad tradicional no se ve afectada, si bien ya ha comenzado la otorgación de títulos, según el caso. Las configuraciones varían. En Tanzania, 12 450 consejos de aldea electos gobiernan legalmente la tenencia de sus dominios registrados respectivamente. Aunque los derechos individuales y familiares estén anotados en los registros de la tierra de la aldea, y se hayan otorgado títulos de propiedad, lo primero que debe hacer la comunidad es registrar las tierras compartidas para protegerlas de la usurpación.

Si bien existen muchos otros casos de tenencia comunitaria legalmente segura, la mayoría de las tierras comunitarias en el mundo aún no se reconocen ni protegen como propiedades; tampoco han sido designadas para la tenencia y gobernanza exclusiva de la comunidad (RRI, 2015).

El estudio de leyes nacionales sobre la tierra de 2018 halló una diferencia significativa entre el 44% de los países incluidos en la muestra del estudio, que reconocen la propiedad comunitaria como existente y protegen esos derechos en principio, y el 55% de las leyes nacionales que garantizan el reconocimiento y la protección solo cuando la propiedad comunitaria cuenta con las condiciones formales de adjudicación, agrimensura y registro. Esto da pie a que los Gobiernos reticentes retrasen el proceso de otorgación de títulos.

El requisito de establecer una entidad jurídica a la que se le confiere el título también ha obstaculizado la entrega de títulos de propiedad comunitaria en varios países, entre ellos Perú y Australia. La reputación de Costa de Marfil es pésima en este sentido. Allí el procedimiento de titulación es tan caro y burocrático que ni una sola comunidad lo ha logrado desde 1998. La ley fue enmendada en 2013 para mitigar el problema.

No obstante, las disposiciones jurídicas a favor de la propiedad comunitaria han aumentado lentamente desde 1980, sobre todo desde el año 2000 (en un 49% en el caso de las disposiciones jurídicas sin precedente). Se han promulgado por lo menos dos leyes nuevas desde la publicación del estudio a mediados de 2018 (Liberia y Túnez). Por lo menos otros diez países tienen proyectos de ley en el Parlamento (p. ej., Sudáfrica) o anteproyectos para aprobación (p. ej., Ghana) o en proceso de redacción (p. ej., Nepal, Myanmar, Sierra Leona, Indonesia). La demanda permanece alta. La cobertura también se está extendiendo de los pueblos indígenas a poblaciones de todo tipo, lo que en tiempos recientes ha incluido antiguas comunidades de esclavos en partes de Latinoamérica. De hecho, dos terceras partes de las leyes examinadas por el Instituto de Recursos

Mundiales en 2018 no especificaban las poblaciones a quienes aplicaban dichas leyes. La tendencia se ve representada en el ámbito internacional en la "Declaración de las Naciones Unidas sobre los derechos de los campesinos y de otras personas que trabajan en las zonas rurales" (2018), que tiene el propósito de incluir a todas las comunidades rurales y exige, entre otras cosas, que se garanticen los derechos de tenencia (individual y colectiva) de la tierra.

El contenido jurídico también está madurando. Las leyes más recientes exigen, rotundamente, la toma de decisiones inclusiva en las comunidades, incluidas disposiciones para que los miembros de la comunidad que se han mudado a las ciudades por razones de estudio o trabajo puedan votar en ciertos asuntos de mayor importancia. Algunas de estas leyes requieren que las tierras sean zonificadas o rezonificadas con el fin de eliminar el riesgo de usurpación de áreas comunales. También se están viendo estipulaciones que exigen a las comunidades registrar parcelas bajo usufructos exclusivos aceptados, ya sean familiares o individuales, definidos como intereses heredables y disponibles conforme a las normas comunitarias.

Estas medidas reducen la presión de tener que privatizar todas las tierras para garantizar derechos. No obstante, es muy posible que prevalezca el deseo de adquirir casas y fincas como propiedades absolutamente privadas, lo que a la larga excluiría a dichos asentamientos del dominio comunitario general; la tenencia colectiva se centraría, entonces, en las tierras compartidas.

Por otro lado, es más común hoy día que las nuevas leyes definan una comunidad asentada en un lugar como una persona jurídica, lo que mitiga la necesidad de crear una entidad corporativa a la cual conferir el título. Algunas leyes definen comunidad de tal forma que una comunidad urbana podría adoptar el mismo constructo, como ya ha ocurrido en Vietnam, Laos y China. Las promulgaciones más recientes, donde son patentes algunas o todas las medidas anteriores, surgen en países sumamente distantes unos de otros, como Timor Oriental, Kenia, Liberia, Malaui, Mali, Vietnam, Túnez y Vanuatu.

LOS LÍMITES DE LA DISPOSICIÓN JURÍDICA

Por supuesto, lo dispuesto por la ley y su aplicación son dos cosas distintas. La resistencia puede comenzar enseguida, como ha ocurrido en países donde los Gobiernos se niegan a promulgar decretos o reglamentos esenciales para la aplicación de la ley, incluso una década después de su aprobación (p. ej., Argentina y Angola). Son muchos los Gobiernos que se han tardado años para presupuestar los servicios institucionales y de agrimensura. Aún donde se han promulgado y aplicado leyes para la titularidad comunitaria, con el paso del tiempo, algunos Gobiernos han encontrado razones para retroceder y han aprobado regulaciones restrictivas (p. ej., Perú), detenido las nuevas asignaciones de fondos (p. ej., Brasil) o incluso eliminado del todo la ley pertinente (p. ej., Antigua y Barbuda). Los fallos judiciales también pueden ser dañinos. En la India, por ejemplo, el

> Los dogmas no mueren fácilmente, incluida la opinión de que la tenencia colectiva es arcaica.

Tribunal Supremo ordenó en febrero de 2019 el desalojo de pueblos forestales en veintiún estados, lo que potencialmente afectará a ocho millones de las personas dependientes de la tierra que viven en pobreza extrema, a pesar de que se les garantizó posesión de la tierra conforme a la Ley de Derechos Forestales de 2006. Este fallo se apelará ante el Tribunal Supremo en 2019.

Hay otros medios más sutiles de restringir los derechos de la tierra colectiva utilizando las leyes sobre recursos naturales e inversiones, mediante las cuales los Gobiernos redefinen como propiedad pública y no comunitaria las cuencas, los minerales superficiales explotados con técnicas tradicionales, los sitios de importancia cultural, y hasta las áreas de servicio público que las comunidades han establecido en sus tierras por cuenta propia. Las declaraciones de zonas de inversión y corredores infraestructurales tienen el mismo efecto. Los intereses públicos a menudo se amplían para cubrir las inversiones comerciales y zonas de inversión. También ocurren desalojos de todas las personas que viven en áreas designadas como zonas de seguridad. Otra táctica utilizada es la declaración oficial y prematura de zonas protegidas en propiedades estatales. Esto les quita a las comunidades aún más bosques, praderas y humedales ricos en vida silvestre, todos recursos esenciales para las economías locales. En resumen, la resistencia de los Gobiernos para dilatar los procesos ha sido sustancial.

Las razones son bastante similares en las distintas regiones. Los dogmas no mueren fácilmente, incluida la opinión de que la tenencia colectiva es arcaica; que la creación de riqueza y el excedente de capital para inversión solo se produce mediante la acumulación individual o corporativa; y que los mercados de tierras solo trabajan con derechos individuales y fungibles. El hecho de que los regímenes comunistas del siglo XX apropiaron y reconstruyeron la tenencia colectiva como unidades de producción de propiedad estatal también socavó la argumentación a favor de la propiedad colectiva comunitaria como fuente viable de crecimiento económico. Aún no se ha progresado lo suficiente para demostrar lo contrario; es decir, que se puede lograr crecimiento y desarrollo haciendo inversiones estratégicas en tierras de propiedad comunitaria y en empresas de copropietarios inversionistas de la comunidad, en las que la parte arrendataria es una comunidad local.

Por otra parte, el mercado de tierras global refuerza los dogmas y promueve la acelerada usurpación comercial y gubernamental de grandes extensiones de tierra en lo que comúnmente se denomina "la fiebre global de tierras". Una década después de la crisis financiera de 2008, esta fiebre de tierras ya no es una ola repentina, sino un elemento fijo en la relaciones de comercio bilateral. Las tierras comunitarias sin título son un blanco obvio y fácil, lo que lleva a los Gobiernos a "ajustar" las definiciones de tierras públicas, gubernamentales y comunitarias. Miles de comunidades han sido desplazadas involuntariamente por sus Gobiernos para abrir paso a dichas inversiones en la tierra y a sus infraestructuras de apoyo.

Las leyes sobre la adquisición forzosa de tierras no se reforman con la premura suficiente para garantizar el reasentamiento asistido ni para siquiera comenzar a compensar los costos de reubicación. Los Gobiernos casi nunca son proactivos en cuanto a estos asuntos, con la notable excepción de la India y su histórica ley de 2013. Otros pueden incluso limitar en lugar de ampliar las razones por las cuales se requiere compensación en casos de adquisición forzosa, y pueden tasar las tierras comunales a niveles muy por debajo del sustento y los valores sociales que representan.

Pero la causa mayor de la reticencia gubernamental a actuar rápidamente para ayudar a las comunidades a asegurar sus dominios de tierra con títulos formales surge de una comprensión tardía por parte de los Gobiernos de que, al reconocer la propiedad comunitaria en primera instancia, corren el riesgo de privarse de millones de hectáreas que un Gobierno ha asumido como propias bajo una designación previa de tierras públicas o gubernamentales. El valor creciente de los recursos naturales intensifica la renuencia gubernamental en cuanto a reducir los dominios públicos. Este es el caso de Afganistán a Brasil, de Uganda a Camboya y de Timor Oriental a Madagascar.

No obstante, una vez abierta esta caja de Pandora, el reconocimiento acumulado de millones de derechos al amparo de la tenencia comunitaria no puede regresar fácilmente a su estado reprimido. Las comunidades modernas cada vez están mejor versadas en cuanto a sus derechos constitucionales. Se comunican unas con otras; rehúsan descontinuar los esfuerzos contundentes por la seguridad en la tenencia de la tierra; y exigen más apoyo internacional. Acudir a los tribunales es cada vez más común en todos los continentes, aunque no es un proceso expedito ni necesariamente incorruptible. Las protestas en contra de las usurpaciones van en aumento, en ocasiones con resultados mortales para los defensores de la tierra. Parece inevitable que este hilo de transformación social continúe, pero no será sin dificultades. De hecho, si echamos a un lado el optimismo valiente, es muy pronto para predecir dónde yacerá el equilibrio al cabo de medio siglo.

Bibliografía

Alden Wily, L. (2018). "Collective Land Ownership in the 21st Century: Overview of Global Trends, Land, 7, 68.

Bruce, J., T. Ngaido, R. Nielsen, and K. Jones-Casey (2013). *Land Administration to Nurture Development (Land) Protection of Pastoralists' Land Rights: Lessons from International Experience*, USAID.

FAO (UN Food and Agriculture Organization) (2015). "World Agriculture: Towards 2015–2030: A FAO Perspective", FAO.

Jayne, T., J. Chamberlain, L. Traub, N. Sitko, M. Muyanga, F. Yeboah, W. Anseeuw, A. Chapoto (2016). "Africa's changing farm size distribution patterns: the rise of medium-scale farms" *Agricultural Economics* 47: 197–214.

LandMark: Global Platform of Indigenous and Community Lands (*www.landmarkmap.org*).

Mertes, C., M. Schneider, D. Sulla-Menashe, A. Tatem, B. Tan (2015). "Detecting change in urban areas at continental scales with MODIS data" *Remote Sensing of Environment* 158: 331–347.

Notes, L., P. Veit, I. Monterroso, Andiko, E. Sulle, A. Larson, A. Gindroz, J. Quaedvlieg, A. Williams (2018). World Resources Institute (WRI) *The Scramble for Land Rights Reducing Inequity between Communities and Companies* (Washington: World Resources Institute).

Pipes, R. (1999). *Property and Freedom* (New York: Alfred A. Knopf,).

Rights and Resources, Woods Hole Research Center, Land Mark (2016). "Towards a Global Baseline of Carbon Storage in Collective Lands an Updated Analysis of Indigenous Peoples' and Local Communities' Contribution to Climate Change Mitigation."

Rights and Resources (RRI) (2018). *Who Owns the World's Land? Global baseline of formally recognized indigenous & community land rights* (Washington: RRI).

Rights and Resources (RRI) (2018). *At a Crossroads Consequential Trends in Recognition of Community-Based Forest Tenure from 2002–2017* (Washington: RRI).

United Nations (2018). *World Urbanization Prospects: The 2018 Revision. Key Facts.* (New York: UN Economic and Social Affairs).

SOBRE LOS CONTRIBUIDORES

LA DRA. LIZ ALDEN WILY (Ciencias Políticas) es especialista en tenencia de la tierra y se desempeña como investigadora, asesora técnica y experta en el tema de la tenencia comunitaria de la tierra. Ha trabajado este asunto en aproximadamente veinte países. La ayuda de Liz ha sido fundamental en el lanzamiento de iniciativas regionales y globales que apoyan los derechos a la tierra comunitaria, como LandMark: una plataforma cibernética de recopilación de datos y mapas de tierras comunitarias. Es miembro del Instituto Van Vollenhoven de la Escuela de Derecho Leiden, del Instituto Katiba, un organismo de defensa constitucional en África, y de la organización no gubernamental conocida como Rights and Resources Initiative [Iniciativa de Recursos y Derechos], una coalición global.

LINE ALGOED se desempeña como investigadora doctoral en Cosmopolis, el Centro de Investigación Urbana de la Universidad Libre de Bruselas, y como investigadora asociada en el Instituto Internacional de Estudios Sociales de La Haya. Trabaja con el Fideicomiso de la Tierra del Caño Martín Peña en intercambios internacionales entre comunidades que luchan por sus derechos sobre la tierra. Es codirectora del Center for CLT Innovation. Anteriormente, Line fue gerente del programa de Premios Mundiales del Hábitat de la Building and Social Housing Foundation (ahora World Habitat). Tiene una maestría en Antropología Cultural de la Universidad de Leiden y una maestría en Sociología de la London School of Economics.

PIERRE ARNOLD es un ingeniero civil y urbanista francoalemán especializado en el análisis y asesoramiento relacionados con políticas de vivienda y la producción social del hábitat. Ha realizado investigaciones urbanas, y fungió como consultor en México (IRD y ONUHabitat), Colombia (Embajada de Francia), el sector público de Argentina y Francia, y en una organización no gubernamental mexicana. Es codirector de un documental y coautor de varios artículos, así como del libro publicado por cuenta propia en francés (2016) y en español (2017): "Hábitat en Movimiento: viaje al encuentro del hábitat popular en América del Sur." También es miembro activo de UrbaMonde en Francia, HIC América Latina y Global Land Alliance.

El Dr. Alejandro Cotté Morales tiene un doctorado en Política Social de la Escuela Graduada de Trabajo Social de la Universidad de Puerto Rico, Recinto de Río Piedras, donde es profesor asociado. Cuenta con 25 años de experiencia como trabajador social comunitario. De 1994 a 2002, dirigió la División de Desarrollo Comunitario del Proyecto Península de Cantera. En 2002, fue nombrado director del Área de Participación Ciudadana y Desarrollo Social para el Proyecto ENLACE y el Fideicomiso de la Tierra del Caño Martín Peña. El Dr. Cotté Morales fue de vital importancia en la dirección de los procesos de organización y participación comunitaria relacionados con dichas iniciativas, así como en el asesoramiento sobre desarrollo integral.

El Dr. John Emmeus Davis es socio fundador de Burlington Associates in Community Development, una cooperativa de consultoría nacional. Fue director de vivienda en Burlington, Vermont bajo el mandato de los alcaldes Bernie Sanders y Peter Clavelle. Los fideicomisos comunitarios de tierras han sido parte importante de su práctica profesional y de sus publicaciones académicas durante casi cuarenta años. Entre estas se encuentran "Contested Ground" (1991), "The Affordable City" (1994), "The City-CLT Partnership" (2008), "The Community Land Trust Reader" (2010) y "Manuel d'antispéculation immobilière" (2014). También coprodujo la película "Arc of Justice" y es codirector del Center for CLT Innovation. Tiene una maestría en Ciencias y un doctorado de Cornell University.

Jerónimo Díaz es geógrafo y egresado de la Universidad de Toulouse II. En 2008, comenzó estudios en el Centro Interdisciplinario de Estudios Urbanos (LisstCieu), también en Toulouse, para hacer una tesis doctoral sobre la gentrificación en el Centro Histórico de Ciudad de México. Entre 2015 y 2018, trabajó en la Oficina de América Latina de la Coalición Internacional para el Hábitat (HICAL), donde coordinó un grupo de trabajo asignado a la producción social del hábitat. Actualmente, es profesor visitante de sociología urbana en la Unidad Azcapotzalco de la Universidad Autónoma Metropolitana de Ciudad de México.

Tarcyla Fidalgo Ribeiro es coordinadora del programa de fideicomisos comunitarios de tierras en Comunidades Catalisadoras en Río de Janeiro, así como investigadora del *Observatório das Metrópoles*, un proyecto dirigido por la Universidad Federal de Río de Janeiro que estimula la reflexión sobre las ciudades y la planificación urbana en Brasil. Tiene un bachillerato en Derecho y una maestría en Derecho Urbano de la Universidad Estatal de Río de Janeiro. Ha realizado trabajos de posgrado en sociología urbana y en planificación y políticas urbanas en la Universidad Federal de Río de Janeiro, donde actualmente está matriculada como candidata a doctorado.

La Lcda. María E. Hernández Torrales tiene una maestría en Derecho Ambiental de la Escuela de Derecho de Vermont y una maestría en Educación Empresarial de la Universidad de Nueva York. Estudió su bachillerato y grado de *Juris Doctor* en la Universidad de Puerto Rico. Desde 2005, Hernández Torrales ha hecho trabajo legal *pro bono* para el Proyecto ENLACE y para el Fideicomiso de la Tierra del Caño Martín Peña. Y desde 2008, ha trabajado como abogada y profesora clínica de la Escuela de Derecho de la Universidad de Puerto Rico, donde enseña la Clínica de Desarrollo Económico Comunitario.

Jerry Maldonado es el director del Programa de Ciudades y Estados de la Fundación Ford. Se unió a Ford luego de los huracanes Katrina y Rita, y supervisó la Iniciativa de Transformación de la Costa del Golfo liderada por la fundación. Durante la última década, ha desarrollo y administrado varias de las iniciativas nacionales, regionales y estatales de la fundación para obtener subvenciones, y ha trabajado en la intersección del desarrollado equitativo y el compromiso cívico. Previo a esto, Jerry trabajó con la fundación Rockefeller Brothers Fund, la organización Carnegie Council on Ethics and International Affairs, y con el Servicio de Enlace a las Organizaciones no Gubernamentales de las Naciones Unidas. Tiene una maestría de Columbia University y un bachillerato de Brown University.

Lyvia Rodríguez Del Valle es la exdirectora ejecutiva del Fideicomiso de la Tierra del Caño Martín Peña y de la Corporación del Proyecto ENLACE del Caño Martín Peña. Durante más de quince años, trabajó con un equipo interdisciplinario y organizaciones comunitarias en la implementación del Proyecto ENLACE. Anteriormente, Lyvia trabajaba en la revitalización urbana de San Juan y en manejo de riesgos y la descentralización en Quito y Asunción. Tiene una maestría en Planificación Urbana y Regional y un certificado de posgrado en Estudios Latinoamericanos de la Universidad de Florida, Gainesville, y un bachillerato en Diseño Ambiental de la Escuela de Arquitectura de la Universidad de Puerto Rico.

La Lcda. Karla Torres Sueiro es abogada especializada en derechos socioeconómicos y de ciudadanía, y abogada asociada en el ABA Pro Bono Asylum Representation Project, donde provee representación legal para niños separados de sus familias en centros de detención de inmigrantes en la frontera sur de Texas. Anteriormente, Karla asistió en casos de apelación representando ciudadanos de la Unión Europea en el Reino Unido que ejercían sus derechos de ciudadanía y residencia. Se unió al Fideicomiso del Caño en 2016, y ayudó a gestionar el intercambio mundial de conocimiento sobre las formas de titularidad colectiva de la tierra. Tiene una maestría en Derecho Penal Internacional y en Recursos Humanos de la Universidad de Kent.

KIRBY WHITE trabajó para el Instituto de Economía Comunitaria (Institute for Community Economics) en las décadas de los años ochenta y noventa, donde se desempeñó como escritor y editor de material técnico para los fideicomisos comunitarios de tierras, incluidos el "Manual del Fideicomiso Comunitario de Tierras" y el "Manual de Asuntos Legales del Fideicomiso Comunitario de Tierras". Fue coeditor de la revista del Instituto, *Community Economics* (1983–1996), y brindó asistencia técnica directa a fideicomisos comunitarios de tierras en comunidades urbanas y rurales de todo Estados Unidos. Más adelante, fue empleado de Equity Trust Inc., donde redactó material técnico para fideicomisos de tierras agrícolas, incluida la publicación de 2009: "Preserving Farms for Farmers". Además, ha escrito varias novelas que tratan temas relacionados con el desarrollo ambiental y comunitario.

NOLA WHITE es una de las fundadoras y la actual presidenta de la Honduras Community Support Corporation (http://www.hcschonduras.org). También ayudó a organizar la Fundación Eco Verde Sostenible (FECOVESO), un fideicomiso de tierras regional que además es una organización de desarrollo comunitario con sede en Honduras. Anteriormente, Nola supervisó el programa *Field Work Term* de Bennington College; trabajó como organizadora de inquilinos y luchó por salvar un proyecto caducado de vivienda de alquiler; coordinó una cooperativa de alimentos; y brindó transportación y apoyo a trabajadores agrícolas inmigrantes. En la década de los ochenta, formó parte de la junta del Instituto de Economía Comunitaria y fue miembro del comité de préstamos de dicho instituto; allí evaluaba solicitudes de préstamos de fideicomisos comunitarios de tierras.

LA DRA. THERESA WILLIAMSON es planificadora de ciudades y directora fundadora de Comunidades Catalisadoras, una organización no gubernamental que trabaja para apoyar las favelas de Río de Janeiro mediante el desarrollo comunitario basado en los bienes. ComCat produce *RioOnWatch*, una plataforma de noticias galardonada que presenta información sobre las favelas locales y del mundo. Recientemente, lanzó la Red Sostenible de Favelas y un programa de fideicomisos comunitarios de tierras en Río de Janeiro. Theresa es activista por el reconocimiento del patrimonio cultural de las favelas y por el derecho de sus residentes de ser tratados como ciudadanos con igualdad de derechos. Recibió el premio de la American Society of Rio en 2018 por sus contribuciones a la ciudad, y el Premio NAHRO en 2012 por sus contribuciones al debate internacional sobre la vivienda.

www.ingramcontent.com/pod-product-compliance
Lightning Source LLC
Chambersburg PA
CBHW080559030426
42336CB00019B/3251